Il mondo è un prezioso
libro ma non ha valore
per chi non sa leggerlo.

vita italiana

by gene dekovic

translated by Mary Auteri

National Textbook Company

NTC a division of NTC Publishing Group • Lincolnwood, Illinois USA

sommario

1996 Printing

Published by National Textbook Company, a division of NTC Publishing Group.
© 1985 by NTC Publishing Group, 4255 West Touhy Avenue,
Lincolnwood (Chicago), Illinois 60646-1975 U.S.A.

6 7 8 9 ML 9 8 7 6 5 4 3

La Fontana dei Quattro Fiumi, opera del Bernini, è una grande attrazione turistica. Si trova al centro di Piazza Navona che ha la forma dell'antico stadio romano. La piazza è una delle più belle della città ed è frequentata da adulti e giovani.

preface

Vita italiana is a visually stimulating and personalized perspective on contemporary Italy for intermediate students of Italian. Offering much more than a look at Italy from an historical point of view and avoiding the stereotyped overview of the travelogue, *Vita italiana* combines graphic representation and information with a free-flowing narrative underscoring writer-photographer Gene Dekovic's sensitive vision of the people, their lifestyles, their art and their past.

The student, as all tourists must, will follow the author as a guide. Beginning in the *Galleria Accademia* in Florence, a commentary on the genius of Michelangelo leads to moments of reflection on Italy's artistic past; each sight and sound throughout the book gives the reader a pause for evaluation, a break in the process of information-gathering. The visual impact of beautiful cities, Florence, Venice, Rome, Pisa, mingles with the robust sounds and constantly changing movements of the cities' inhabitants. You will accompany the Italians on the evening *passeggiata*, be caught in an incredible traffic jam, participate in conversations everywhere, from a heated discussion in a *caffè* to a halting attempt at communication on an Italian train wondering whether their English is as good as your Italian!

Discussion questions after each chapter focus the material. After spending time in the warm environment of the extended Italian family in the country or experiencing a day in the life of a busy, sophisticated, urban family, comparison and contrast stimulate discussion and heighten perception of cultural differences and similarities. Grammatical structures have been simplified as appropriate to this level of language study, and side-glossed vocabulary aids comprehension. The photographs are essential to expression of the narrative, and they are used not only to reinforce content, but to stimulate further discussion and exploration of each chapter's theme. At the end of each unit, students should be able to discuss the meaning of the proverb which introduces it and come closer to an understanding of language as an expression of culture.

Family, food, cars, art, history, work, entertainment, people. *Vita italiana* will help you to know, and most importantly to feel, Italy.

Dal suo alto piedistallo, in Piazza dei Signori
a Verona, Dante contempla i turisti nel loro
giro di visite e i cittadini nel loro andare
giornaliero.

introduzione

Non è facile dare dell'Italia una visione generale. L'Italia ha una popolazione di cinquantacinque milioni di abitanti e ognuno di essi tende a definire la nazione da un punto di vista personale. Punto di vista che riflette l'attaccamento alla propria regione anche se l'apprezzamento e il rispetto per le altre è molto sentito da tutti gli Italiani.

Questo volume, non essendo il risultato di un profondo studio sociologico, presenta dell'Italia una visione piuttosto soggettiva derivata non soltanto dal giudizio degli abitanti di varie regioni, ma anche da quello più oggettivo dell'autore. È una visione molto positiva; colma di rispetto e ammirazione per un'Italia la cui popolazione vive con zelo ed entusiasmo, oltre che con esuberanza, passione e generosità.

Non è facile, comunque, apprezzare il carattere della vita italiana prima d'aver visitato qualcuna di quelle città tanto uniche da attrarre ogni anno milioni di turisti. La vita di ogni giorno si svolge infatti in ambienti particolari che influenzano, anche se in modo relativo, il modo di vivere degli abitanti.

Oltre all'interessante aspetto artistico e storico delle sue città, l'Italia offre una grande varietà di bellezze naturali. La maggior parte del paese gode di un clima mite. Le distanze sono relativamente brevi e si può passare facilmente dai monti al mare in poche ore.

Questo libro descrive alcune delle caratteristiche principali del paesaggio italiano e la natura dei suoi abitanti nelle loro attività giornaliere, attività che si svolgono in famiglia, al lavoro, nelle strade, nei negozi, in macchina e altrove.

> *Vincenzo Buciussi, proprietario del bar dei giardini pubblici*
> *di Taormina, in Sicilia, sebbene si alzi a fatica dalla sedia,*
> *dice:*
> *"Non sono vecchio, ho soltanto molti anni!"*

Allo stesso modo, l'Italia ha molti anni eppure non è vecchia. La sua società è attiva. Le sue strade e il suo paesaggio sono pieni di vita e di entusiasmo. La sua gente lavora molto e si diverte molto. Queste sono le caratteristiche che maggiormente rimangono vive nel ricordo dei turisti.

L'autore di questo volume ha voluto descrivere, poichè l'ha constatato di persona, un paese che vive con zelo ed entusiasmo.

Vincenzo Buciussi.

Le cose non sono quel che sono ma quel che sembrano.

1

bella! bella!

Assisi, la scalinata della Basilica di San Francesco

La giovane donna procede lentamente, di proposito. I capelli castani sono raccolti in uno chignon e il vestito di cotone è all'ultima moda.

Un piccolo gruppo di turisti la segue attraverso il museo. Lei si ferma davanti alla scultura imponente e si gira verso il gruppo. "E ora, se guardate attentamente, vedrete come Michelangelo ha. . . ." Tutti la possono sentire distintamente. Sta parlando in inglese e più tardi parlerà probabilmente in tedesco, francese o spagnolo.

Da un altro lato della Galleria dell'Accademia di Firenze, un secondo gruppo di turisti, scortato dalla guida, sta visitando la magnifica esposizione di Michelangelo; questa comprende una serie di sculture tra cui anche l'originale del Davide.

capolavori masterpieces

La Galleria dell'Accademia contiene solo una parte dei capolavori° di Firenze. Ce n'è un numero vastissimo. Oltre a Firenze ci sono in Italia numerose altre città ricchissime di capolavori d'arte da abbagliare la vista e da colpire l'immaginazione. L'Italia è ricca d'arte e d'architettura.

sono accolte are received

L'inizio del giro turistico si preannuncia molto stimolante. Bisogna essere in ottime condizioni fisiche e psicologiche. Le spiegazioni della guida sono accolte° con grande interesse dal gruppo di turisti e sono seguite da avide domande.

intorpidita numbed

Durante il pranzo si discute molto animatamente di quel che si è visto. Visitando una città dopo l'altra la stanchezza aumenta, le domande diminuiscono e non tutte le spiegazioni vengono più afferrate. Il corpo è stanco e i piedi sono doloranti. La mente è un po' intorpidita.° Gli occhi e le orecchie hanno visto e sentito troppo.

Non si può visitare tutto in poco tempo. Non importa se si tratta del soffitto della Capella Sistina affrescato da Michelangelo, o dell'Ultima Cena di Leonardo, a Milano o di Piazza San Marco, a Venezia.

Non basterebbero cento giorni per visitare tutta l'Italia che ha quasi tremila anni di storia e che ha visto diverse civiltà e diversi gruppi sociali e politici.

loro impronta their mark

Etruschi, Greci, Romani, Saraceni, Africani, hanno lasciato tutti una loro impronta.° I loro discendenti abitavano sulla cima delle colline per potersi difendere da attacchi invasori e, tra una guerriglia e l'altra, si dedicavano alle arti e alle scienze. Per costruire una cattedrale venivano impiegate centinaia di anni. E perchè no? Era un'opera d'arte costruita per l'eternità. L'arte del padre veniva insegnata ai figli. La propria vita non poteva certo essere impiegata in un modo migliore.

Il Davide di Michelangelo, un capolavoro
rinascimentale alto circa 5 metri.

Fu così che il Medioevo si arricchì di opere di architettura, artigianato, letteratura e filosofia. Sviluppandosi poi sempre più nel dodicesimo e tredicesimo secolo, queste arti raggiunsero il loro apice° nel quindicesimo secolo.

apice apex, peak

A questo periodo, così ricco di energia creativa, fu dato il nome di Rinascimento. Ad esso fece seguito, nel diciassettesimo e nel diciottesimo secolo, il Barocco e, nel diciannovesimo e ventesimo secolo, un susseguirsi di filosofie, stili d'arte ed architetture diverse.

resti del passato remains of the past

Così oggi l'Italia è ricca di spettacolari e meravigliosi resti del passato° ed è sempre affollata di turisti. Questi turisti non sono solo stranieri, sono anche Italiani che, come i Francesi, i Tedeschi, gli Scandinavi, gli Americani e tutti gli altri popoli civili, apprezzano moltissimo i tesori d'arte che l'Italia custodisce.

immancabilmente inevitably

Quando un italiano sente un turista dire che ha visitato Venezia, Roma, Firenze, Amalfi o qualsiasi altra parte d'Italia, esclama immancabilmente:° "Bella! Bella!"

Ci troviamo ora in un grande appartamento in Via Santa Maria, in una zona a nord di Firenze, dove abitano in genere gli artigiani fiorentini, e siamo ospiti di uno di loro. Il padrone di casa e la moglie abitano qui, da soli, da quando i figli si sono sposati e si sono sistemati altrove con le rispettive famiglie. Alcune delle loro fotografie sono

incorniciate framed

viaggio di nozze honeymoon trip

incorniciate° e appese alle pareti della sala da pranzo. Una di esse mostra l'artigiano e sua moglie, in gondola, durante il loro viaggio di nozze° a Venezia nel 1939. La signora la prende e ce la mostra mentre i suoi occhi brillano d'orgoglio.

Sebbene essi vivano a Firenze, circondati da tante meraviglie, per la signora la più bella città di tutte è la magica Venezia, galleggiante° sull'acqua.

galleggiante floating

Santa Maria della Salute, Venezia.

VENEZIA

Il nostro battello scorre lungo° il Canal Grande passando davanti a vari palazzi di marmo. Hanno tutti il pontile per le gondole. Ogni palazzo, dall'aspetto fiabesco, ha un disegno originale di archi, finestre e colonne. Il battello si ferma frequentemente per il servizio dei passeggeri e ad ogni fermata possiamo ammirare sempre di più tutti i colori, le forme, i suoni e il ritmo della città.

Scendiamo ora dal battello alla fermata di Piazza San Marco. A sinistra c'è una fila di bancarelle che vendono statuette, miniature, libretti, ciondoli e altro. A destra c'è un'esposizione di disegni e dipinti di artisti che dipingono panorami di Venezia da vendere ai turisti e sono pronti a fare il ritratto a chi lo richieda.

Nella piazza c'è un'atmosfera festiva, fatta di luci magiche e di voci confuse.

Questa atmosfera irreale della piazza conquista tutti. Più che una città Venezia è un sogno. Il sogno di una città d'incanto sorta dalle acque e come sospesa nel vuoto. Qui, dimentichi della realtà, abbiamo la sensazione di trovarci su un tappeto fatato.

Si trovano qui alcune delle più belle creazioni dell'uomo. La Basilica di San Marco, con le cupole bizantine ed i marmi finemente scolpiti, appare come uscita° da una favola.

Venezia fu il punto di comunicazione tra l'est e l'ovest. Quel senso di magia e di mistero, propri dell'Oriente, trovarono realizzazione negli archi di San Marco e nei marmi di molti palazzi della città.

Vicino alla Basilica di San Marco c'è il Palazzo dei Dogi, una volta sede del governo della Repubblica di Venezia.

Costruito nel dodicesimo secolo, fu restaurato nel quattordicesimo e quindicesimo secolo. I suoi marmi rosa e bianchi così chiari e vaporosi si stagliano contro l'azzurro del cielo e i piani superiori, di forma quadrata e massiccia, poggiano su trentasei colonne di marmo al piano terra e su settant'uno al secondo piano. Tutta Venezia sembra galleggiare sull'acqua.

La Repubblica di Venezia durò quasi 1000 anni. Dal nono al tredicesimo secolo essa divenne sempre più fiorente° con l'aumentare dei carichi di valore portati dall'Oriente sulle sue numerose navi, frutto di scambi commerciali e di bottini di guerre sostenute contro i Turchi.

Girare in gondola tra i canali più piccoli e meno affollati è molto rilassante e offre la possibilità di ammirare gli antichi palazzi dei nobili.

scorre lungo runs along

come uscita as out, from

fiorente flourishing

19

Al sommo del suo potere, Venezia, nel suo cantiere navale, dava lavoro a 16.000 uomini.

Il Mare Mediterraneo vide in quegli anni numerose battaglie combattute tra navi veneziane e navi genovesi. Quelle veneziane ne uscirono vittoriose.

Il cambiamento di rotta delle navi commerciali in seguito alla scoperta dell'America, e le sconfitte° subite da parte dei Turchi nel quindicesimo secolo, segnarono il declino della potenza di Venezia. La sua fine avvenne quando Napoleone, dopo averla conquistata, la cedette all'Austria all'inizio del diciannovesimo secolo.

sconfitte defeats

Ad ogni modo,° il declino politico di Venezia non interferì con il suo continuo sviluppo artistico e culturale. Fu dopo la caduta di Costantinopoli in mano turca° nel 1453, che Venezia ebbe i suoi migliori artisti: Tiziano, Veronese, Tintoretto, Canaletto, Tiepolo e molti altri. Fu allora che i più bei palazzi di marmo furono costruiti lungo il Canal Grande e, subito dopo, le magnifiche chiese.

ad ogni modo at any rate

in mano turca under Turkish rule

Oggi Venezia è una terra di sogno° per tutti i turisti che vengono da ogni parte del mondo, e dovremmo fare in modo che questo sogno continuasse. Purtroppo l'acqua che circonda la città sale sempre più e Venezia corre il pericolo di rimanerne sommersa.° Bisognerebbe ricorrere ad un vasto e difficile progetto di ingegneria per salvarla.

terra di sogno land of dreams

rimanerne sommersa become submerged

Ma oltre alla difficoltà di ideare questo progetto, ci sarebbe da risolvere il problema economico e il non meno importante problema politico. Finora sembra che non ci sia speranza alcuna di salvare la città e solo gli Italiani non si arrendono° all'idea di dover vedere Venezia sommersa dal mare.

si arrendono give up

Lasciando ora Venezia ci dirigiamo verso il sud; attraversiamo il Veneto, e l'Emilia Romagna e arriviamo in Toscana, a Firenze, bagnata dal fiume Arno.

L'architettura e lo splendore artistico di San Marco hanno evidentemente sopraffatto il turista e il corpo deve riposare.

FIRENZE

Il Rinascimento fiorì a Firenze che per questo fu chiamata la città dell'arte per eccellenza. Le piazze, i palazzi, le cattedrali, le chiese e i musei sfoggiano un gran numero di capolavori di architettura, scultura e pittura.

Tra la fine del quindicesimo secolo e gl'inizi del sedicesimo, Firenze dette i natali a molti geni, tra i quali Leonardo, Botticelli, Michelangelo, Raffaello e Cellini; ma ve ne furono, tuttavia, anche molti altri. Questo inconsueto nascere di tanti geni, in un unico posto, non fu un caso fortuito,° ma ebbe a che fare con l'ambiente fecondo di Firenze che, possedendo già una ricca storia culturale, favorì° lo sviluppo di nuove idee.

caso fortuito by accident

favorì aided

Due secoli prima, Dante aveva trasformato la lingua parlata dal popolo italiano in lingua letteraria con il suo capolavoro, la *Divina Commedia*.

Il padre della lingua italiana è celebrato in tutta Italia. In ogni città c'è una strada dedicata a Dante e molto spesso gli sono state dedicate anche belle piazze e statue. Al tempo di Dante il centro di Firenze si trasformò in quello che noi vediamo oggi. Infatti fu allora che il capomastro Arnolfo di Cambio iniziò i piani del Palazzo Vecchio e della cattedrale. Fu allora che le famose porte del battistero vennero scolpite e che Giotto disegnò il famoso campanile. Esso fu completato nel quattordicesimo secolo e da allora, con la cattedrale del Brunelleschi, domina il cielo di Firenze.

Fu a Firenze che Boccaccio scrisse il *Decamerone* e, più tardi, Machiavelli scrisse *Il Principe*. Fu ancora qui che la famiglia Medici fu mecenate delle arti.

L'ambiente culturale spingeva alla perfezione e fu qui che nacquero alcuni dei maggiori capolavori di Leonardo da Vinci e Michelangelo.

Quando ci troviamo nella Galleria dell'Accademia ed osserviamo il Davide di Michelangelo percepiamo nell'opera il lavoro di un genio.

Di questa scultura furono fatte due copie fedeli° della stessa misura dell'originale, una è davanti al Palazzo Vecchio e una è in piazza Michelangelo, ma nessuna delle due ha il fascino dell'originale. Solo il Davide nella Galleria emana luminosità e genialità, solo quello ha del magico e i visitatori lo percepiscono.° I loro commenti vengono fatti a voce bassa, il loro sguardo è attento, pieno quasi di timorosa° ammirazione.

copie fedeli good copies

percepiscono feel
timorosa awed

Loggia della Signoria.

Lo stesso senso di ammirazione riempie sia i visitatori che sono in contemplazione della Porta del Paradiso del Ghiberti, nella parte est del Battistero, sia quelli che si trovano nelle gallerie degli Uffizi davanti ai dipinti di Botticelli, Leonardo, Giotto, Raffaello, Michelangelo e molti altri; muta ammirazione si avverte anche nel Palazzo Pitti, nel Palazzo Vecchio, in Piazza della Signoria e in tanti altri posti che custodiscono opere d'arte.

I Fiorentini, che ammontano a mezzo milione, sono invece abituati a vedere tutti questi capolavori e, pur essendone molto orgogliosi e consapevoli, sono assorbiti, più che altro,° dalla vita di tutti i giorni.

Gli artigiani di Firenze lavorano il metallo, il legno, la paglia, la pelle, il marmo e altri materiali per un infinito numero di oggetti decorativi o utili. Architetti, scultori e pittori costruiscono ancora oggi maestosi palazzi. La moderna Chiesa di San Giovanni Battista dell'Autostrada, costruita al confluire di due autostrade alla periferia° di Firenze, è una struttura evocativa. Costruita con diversi tipi di materiale, la chiesa è il simbolo di una società contemporanea mutevole. E contiene, come le antiche chiese e gli antichi palazzi, sculture, pitture e mosaici.

La tradizione di Firenze continua. Il futuro vedrà creazioni sempre nuove ed eccitanti accanto ai° vecchi tesori già esistenti. Le vicine cave di marmo di Carrara, dalle quali si ricavò la pietra utilizzata da Michelangelo per il Davide, offrono anche ai moderni scultori il loro fine marmo. La gara all'eccellenza artistica continua.

Ci troviamo ora nella colonia greca di Paestum, tra le colonne del tempio di Nettuno, che fu costruito 3000 anni fa e che si trova a cinquanta chilometri a sudest di Salerno.

Con la mano tocchiamo il duro marmo di una delle colonne, mentre° la brezza del pomeriggio estivo ci soffia delicatamente sul viso e fa ondeggiare l'erba intorno. Ci si sente quasi soli in un posto così vasto; il tempo stesso sembra scorrere° più lentamente. Sembra di rivedere il passato e le generazioni di allora, sotto questo stesso sole, accarezzate da questa stessa brezza.

È una sensazione piacevole.° Ma un gruppo di altri turisti ha girato l'angolo e viene verso di noi. Ritorniamo alla realtà e continuiamo l'esame di queste antiche rovine, obbiettivamente.

---

più che altro more than anything else

periferia outskirts

accanto ai next to

mentre while

sembra scorrere seems to pass

piacevole agreeable

Artigiano fiorentino.

fiorirono flourished

portarono al declino brought
   to an end

Nel sud dell'Italia e in Sicilia, fiorirono° colonie greche per molti secoli. Rivalità e guerre le portarono al declino° e caddero poi sotto il dominio romano. I Romani dominarono l'Italia per circa 12 secoli e i resti della loro civiltà si ritrovano anche oltre la penisola italiana: Roma fu il centro ed è per questo che attrae un gran numero di turisti. I resti dell'antica Roma sono innumerevoli.

Paestum, Tempio di Nettuno.

ROMA

stems

Le rovine della Roma antica risalgono ad epoche diverse. Nel corso della storia, la Città Eterna è stata sempre un centro di disordini. Chi la conquistò, la lasciò sempre in rovina; i più bei palazzi, templi e monumenti venivano distrutti; *not - withstanding* nonostante ciò, un turista, in visita alla città, diventa il testimone di ventiquattro secoli di storia.

Le rovine romane sono spettacolari: il Foro Romano e la Via Appia appartengono al primo periodo; il Colosseo, che accoglieva 50.000 spettatori, è del primo secolo d.C.; il Pantheon è di un secolo dopo e l'Arco di Costantino è del 312 d. C. Queste sono le rovine più spettacolari. Ma, per le persone più interessate, vi sono centinaia di altri importanti monumenti e costruzioni da visitare.

Il Pantheon fu costruito 2000 anni fa; la cupola e le mura ricordano i vari palazzi degli Stati Uniti che vennero appunto costruiti su modelli di costruzioni classiche greche e romane: per esempio° il vecchio Ufficio Postale di Chicago o uno dei palazzi governativi di Washington, D.C.

per esempio for example

Ad eccezione° dell'Arco di Costantino e delle Terme di Diocleziano, nel periodo che va dal quarto al quattordicesimo secolo non fu costruito molto. Subito dopo, invece, vennero iniziate le costruzioni delle prime chiese cristiane. Esse sono esemplari di tardo stile gotico e di primo stile rinascimentale, ambedue molto interessanti.

ad eccezione except for

Il fiorentino Michelangelo venne a Roma per lavorare alla costruzione e decorazione della chiesa di San Pietro. Le sue qualità di grande artista sono evidenti nel progetto della cupola della chiesa, negli affreschi della Cappella Sistina, nella ''Pietà'' in marmo bianco, nel gigantesco ''Mosè'' e nel disegno della Piazza del Campidoglio.

Nel sedicesimo secolo, il famoso architetto Bramante iniziò i piani per una nuova San Pietro. La grande cattedrale fu costruita sotto la direzione di Michelangelo e di Raffaello, che all'età di soli venticinque anni, ricevette l'incarico, dietro raccomandazione di Bramante, d'affrescare le stanze che portano alla Cappella Sistina. Oggi sono note come le ''Stanze di Raffaello'' e sono considerate dei grandi capolavori. - *masterpiece*

Da allora in poi molti altri grandi architetti, scultori e pittori contribuirono alla costruzione di Roma. Il Bernini, nel diciassettesimo secolo, fu il più noto: insieme ad altri artisti di quel tempo, diede origine allo stile Barocco. Questo stile, tra le altre caratteristiche, aveva anche quella di dare molta importanza all'area che circondava le chiese e i palazzi.

Turisti italiani in visita all'imponente
Monumento a Re Vittorio Emanuele II.

Arco di Costantino.

Il grandioso piazzale di San Pietro fu disegnato dal Bernini. Molto ammirate sono anche le sue fontane: quella di Piazza Navona: la Fontana dei Quattro Fiumi, in Piazza Barberini: la Fontana delle Api e la Fontana del Tritone. È del Bernini anche il Palazzo di Montecitorio sede della Camera dei Deputati.°

Le idee del Bernini continuarono ad ispirare, anche nel secolo seguente, altri artisti come ad esempio il Salvi che disegnò la Fontana di Trevi. Essa consiste in un maestoso sfondo formato da un gigantesco Nettuno su un cocchio° tirato da due Tritoni. Nella mitologia greca il Tritone veniva raffigurato come uomo nella parte superiore del corpo e come un pesce nella parte inferiore.

La Piazza di Spagna, progettata dagli architetti Specchi e Santis, dà ampiezza e grandiosità allo scenario di Roma; lo stesso si può dire della Piazza del Popolo di Valadier. Ville signorili, palazzi e bellissimi giardini furono costruiti a Roma durante questi secoli da famiglie aristocratiche e

Camera dei Deputati House of Representatives

cocchio chariot

30

Il Panteon fronteggiato da sedici colonne di granito.

ricche. È molto piacevole passeggiare per una strada romana osservando le esuberanti decorazioni esterne di costruzioni così originali.

Le strade larghe, le piazze varie e spaziose, i giardini, fanno sembrare la città meno affollata di quanto non sia in realtà.

Oltre a ciò° che abbiamo già descritto, i musei e le biblioteche romane, con le loro ricche collezioni di testi antichi, documenti storici, dipinti, sculture, eccetera, offrono del materiale prezioso per lo studio in qualsiasi campo culturale. Un'intera vita non basterebbe a consultarlo tutto.

oltre a ciò besides this

Piazza San Pietro al tramonto

PISA

Pisa ha una bellissima cattedrale, che contiene sculture e dipinti del periodo rinascimentale e prerinascimentale. Il bellissimo Battistero di marmo è un'opera dei secoli dodicesimo e tredicesimo. La Piazza del Duomo e i dintorni sono molto eleganti.

Pisa ha anche un museo che conserva opere di artisti pisani di ogni tempo. Ma la costruzione più originale che attrae tutti è la Torre di Pisa o Torre Pendente. La sua costruzione fu iniziata nel 1174 e fu finita nel 1350.

Diverse sono le opinioni sul perchè° la torre penda. La pendenza potrebbe essere stata causata dall'assestamento° del terreno, da un errore nella costruzione delle fondamenta, o dalla voluta intenzione dell'architetto. Ma qualunque sia la ragione, la torre piace e attira molti turisti. I vicini gelatai e venditori di ricordini fanno sempre buoni affari.

sul perchè about the reason why

dall'assestamento by the settling

La Torre pendente, Pisa.

POMPEI *a Campania; risali 2 mille anni*

Pompei, come Paestum, è una delle poche attrazioni italiane isolate dalla vita contemporanea. Gli scavi sono lontani dalla cittadina moderna e ci sembra strano visitare le antichità senza vedere gli abitanti occupati nelle loro faccende giornaliere.

Pompei non è una città mistica come Paestum. Ciò che gli scavi hanno portato alla luce lo dimostra: i costumi, i tipi di persone rappresentate e lo stile delle loro case. La città aveva botteghe,° bagni pubblici, lavanderie e tintorie.° I muri sono affrescati e sulle porte vi sono nomi di persone. Ci sono i solchi lasciati dalle bighe. I resti della città non possono dirci tutto circa il tipo di vita dei Romani di quel tempo, è però evidente che Pompei fosse un posto di villeggiatura° dove gli aristocratici avevano le loro ville estive. Queste avevano stanze spaziose, cortili e giardini decorati con sculture e dipinti. I mosaici venivano usati liberamente, anche per avvisi con ''attenti al cane.''° Dei calchi di persone e d'animali, che restarono sommersi sotto uno strato di cenere e lapilli, sono le testimonianze delle tragiche eruzioni del Vesuvio.

Guardando queste rovine, non è difficile immaginarsi la gente che qui visse, facendo più o meno quello che ognuno di noi fa oggigiorno a casa propria. La visita di questa città è molto interessante.

botteghe shops

tintorie dyeworks

posto di villeggiatura vacation spot

attenti al cane beware of the dog

Il cortile di una casa di Pompei.

Ravenna, sulla Costa Adriatica, a sud di Venezia, fu la capitale dell'Impero Romano quando Roma fu abbandonata nel 402. Le sue chiese contengono i più bei mosaici europei in stile bizantino che risalgono al quinto secolo. I colori dei mosaici sono brillanti e compatti; le immagini sono chiaramente delineate;° le composizioni sono grafiche e allo stesso tempo mistiche.

delineate outlined

Nella vicina Bologna ammiriamo la bellezza della Piazza Maggiore e della Piazza del Nettuno.

Nella Piazza del Nettuno si trova la grandiosa Fontana del Nettuno. Costruita nel 1566, questa meravigliosa opera è soprannominata dai Bolognesi ''Il Gigante,'' ed è sempre stata il punto vitale della città.

A due ore di macchina, andando verso nord-est, troviamo Milano. Anch'essa è ricca di opere artistiche e di storia. Fu qui che nel 312 l'imperatore romano Costantino pubblicò il suo editto che proclamava° il cristianesimo la religione ufficiale dell'Impero.

editto che proclamava edict that proclaimed

La cattedrale di Milano è ritenuta° una delle più belle del mondo. Anche qui si nota la mano ispiratrice di Bramante che progettò la Chiesa di San Pietro a Roma. È qui a Milano, nella Chiesa di Santa Maria delle Grazie, che innumerevoli turisti vengono a visitare il famoso affresco, l'Ultima Cena di Leonardo da Vinci. Bramante e Leonardo furono chiamati in questa città da Ludovico il Moro, il più illustre membro della famiglia Sforza che cercò di fare di Milano una nuova Atene. Oggi infatti la città ne sembra essere la realizzazione moderna.

è ritenuta is considered

Il teatro dell'Opera di Milano, La Scala, è universalmente conosciuto, e le sue rappresentazioni sono ritenute le migliori del mondo. Le tipografie milanesi sono rinomate per il loro raffinato lavoro di stampa:° . . . è questo infatti il centro più avanzato per quanto riguarda il disegno tipografico.° La città è all'avanguardia nell'architettura moderna, nel disegno industriale e nelle arti decorative; alla mostra internazionale della Triennale vengono esposti i migliori esemplari di questi lavori.

lavoro di stampa printing

disegno tipografico typographic design

Alcuni fra i più noti artisti vivono e lavorano a Milano dove le mostre d'arte sono tra le più rinomate. Nelle chiese si trovano sculture e pitture di famosi artisti del Rinascimento.

A tre ore di macchina ad est di Milano, si trova Verona, città natale di Romeo e Giulietta. Anche qui c'è molto da vedere.

L'anfiteatro romano, che fu costruito nel primo secolo, ha una capacità di quasi 25.000 persone e, nonostante la sua grandezza, ha un'acustica perfetta. Per le opere estive i posti sono sempre esauriti.° A Verona sulle rive

sempre esauriti always sold out

Il Duomo di Milano.

dell'Adige, vi è un altro teatro romano che offre programmi estivi. Il centro della città è essenzialmente medioevale e benchè vi si conduca una vita moderna, le piazze, i palazzi e le strette vie ricordano i tempi di Giulietta e Romeo. La sensazione che il turista ne riceve è piacevole.

La visita ad altre città, come ad esempio Napoli, offre un'esperienza unica. Qui troviamo non soltanto la cucina famosa, (gli spaghetti e la pizza ebbero origine qui), ma la musica, le feste,° il quartiere vecchio, i musei e le chiese ricche di grandi opere d'arte. Vi troviamo belle piazze e palazzi storici. Gli abitanti sono alquanto diversi° da quelli di altre città italiane.

Vicino a Napoli si trovano i Campi Flegrei dove le acque termali, i getti di vapore, i gas sulfurei danno al luogo un aspetto misterioso che invita alla meditazione.

Non molto lontano da qui si trova il Vesuvio, vulcano ancora attivo, ed Ercolano, la città che fu distrutta dalle grandi eruzioni del 79.

La famosa isola di Capri, Sorrento, la Costa Amalfitana e Salerno sono vicine e sono luoghi che hanno ispirato poeti e musicisti. La prima Scuola Medica, non solo italiana ma di tutto il mondo, sorse a Salerno: fu fondata nell' 846 e verso la fine del dodicesimo secolo aveva acquistato grande fama.

A sud-ovest dell'Italia si trova la Sicilia con i suoi tesori archeologici e artistici. L'antico teatro greco di Taormina è spettacolare: anche qui si danno rappresentazioni estive. A sud della città, oltre il Monte Etna e Catania, sotto un bel cielo azzurro, troviamo le rovine di Siracusa, la città greca che fu rivale di Atene.

Lungo la costa siciliana, verso sud-ovest, c'è la meravigliosa Valle dei Templi e Agrigento, l'antica città greca di Akragas. Sulla costa nordoccidentale si trova la città di Palermo, capoluogo° della Sicilia, fondata dai Fenici e dominata in seguito dai Romani, dai Saraceni, dai Normanni, dagli Spagnoli e dai Borboni di Napoli. Ogni popolo invasore° lasciò qualche impronta della propria civiltà nelle arti e nelle consuetudini di vita. Nella cattedrale della vicina Monreale si ammirano preziosi mosaici del dodicesimo secolo. Essi rappresentano scene del Vecchio e del Nuovo Testamento. In alcune di esse è rappresentato il re normanno Guglielmo II.

Ritornando alla penisola italiana, vogliamo ricordare che Assisi, Perugia e Spoleto, nella regione umbra, sono città che val la pena° di visitare.

In Toscana si trovano Siena, San Gimignano, Volterra e Montepulciano anch'esse di interesse storico, artistico e culturale. Ferrara, Parma e Reggio

feste celebrations

alquanto diversi quite different

capoluogo capital (of a province)

popolo invasore invaders

che val la pena worth the trouble

Statua di Giulietta nel cortile della sua casa.

Emilia sono le più importanti città dell'Emilia Romagna; Padova, Vicenza e Sirmione lo sono del Veneto.

Genova è il più grande porto italiano e un tempo rivaleggiò con Venezia per il controllo sui mari. In Lombardia le città più interessanti sono Mantova, Cremona e Como; nel Piemonte lo sono Alba, Asti e soprattutto Torino.

Ognuna di queste città italiane è spettacolare in un modo° o nell'altro. E tutte, prima o poi, hanno giocato un ruolo importante nel corso della storia. Ognuna ha contribuito alla formazione di quella che è oggi l'Italia, della quale ogni italiano è orgoglioso di dire che è ''Bella! Bella!''

modo way, manner

Domande

1. Se tu avessi soltanto 15 giorni per visitare l'Italia, vorresti passarli in un solo posto o in più posti? Scrivi il perchè della tua scelta.
2. Qual è la differenza tra il significato della parola artista e quello della parola artigiano? Dà qualche esempio che ne illustri la distinzione.
3. Con gli anni, la lingua scritta cambia come cambia quella parlata? Paragona qualche brano di letteratura antica a qualche brano di letteratura contemporanea.
4. Può l'architettura determinare il carattere di una città? Paragona, per esempio, New York a Roma. Puoi fare altri paragoni?
5. Perchè Roma è chiamata ''Città Eterna''?
6. Le gondole, le barche e i battelli sono i mezzi di trasporto di Venezia e dintorni. Quali credi siano gli effetti di ciò sulla vita giornaliera dei cittadini?
7. Gli scavi archeologici sono in continuo progresso a Pompei e in tutta l'Italia. Quali sono, secondo te, gli scopi e i valori degli studi archeologici?
8. Arte e architettura in Italia. Sei personalmente interessato all'arte e all'architettura? Pensi che sia importante studiare queste due discipline per conoscere l'Italia? Dà delle spiegazioni.

Una signora di Napoli.

"Del posto nativo,
ogni filo d'erba piace."

piazza, via, paese

Volterra. Piazza e Palazzo dei Priori. Emblemi di governatori fiorentini affissi sul muro del palazzo.

La Fiat 124 rossa coupé si diresse verso est, in Via Mazzini, la via principale di Parma; si fermò al semaforo in Piazza Garibaldi e continuò nella stessa direzione. Dopo poco più di un chilometro essa girò a sinistra entrando in Via Venti Marzo, una strada fiancheggiata° da molti negozi e affollata di passanti. L'autista rallentò guidando calmo e paziente.

fiancheggiata lined, bordered by

Qualche minuto dopo la macchina girò a sinistra e, passando tra la cattedrale e il battistero, entrò nella grande ed elegante Piazza del Duomo. Le ruote della Fiat cigolarono sulle pesanti pietre del selciato,° quando la macchina girò ad ovest, entrando nel cortile del Palazzo Vescovile ora adibito a museo. L'autista uscì dalla macchina, la chiuse a chiave e, attraversando il cortile, entrò nel palazzo attraverso l'arcata di marmo.

selciato cobbled pavement

Vie strette, grandi piazze eleganti e palazzi, solidi selciati, arcate, colonne sono le testimonianze della storia e della vita del popolo italiano durante i secoli medioevali e rinascimentali.

Ogni città italiana grande o piccola ha nel centro il quartiere vecchio, le cui strade sono generalmente strette e seguono l'andatura del terreno.° Esse portano quasi sempre verso il centro, a grandi piazze circondate da palazzi pubblici (cattedrali, palazzi municipali, corti d'appello, eccetera) di grandi dimensioni costruiti da cinque a dieci secoli fa. Per gli Italiani essi non sono soltanto una testimonianza del passato, ma sono anche centri funzionali della vita di ogni giorno. Essi, infatti, sono oggi uffici, scuole, negozi, caffè, eccetera.

andatura del terreno ground level

Il Duomo di Milano, capolavoro di stile gotico del quattordicesimo secolo, s'innalza dai suoi terrazzi, verso il cielo, con centinaia di pinnacoli; su ognuno di essi c'è una statua. La sua grande piazza è sempre affollata di persone.

Al nord della cattedrale, si trova la più grande galleria italiana, la Galleria Vittorio Emanuele II, luogo di ritrovo preferito dai cittadini.

I pavimenti di mosaico risuonano fino a tarda sera dei passi dei Milanesi che, sempre vestiti all'ultima moda,° qui si ritrovano con gli amici per passeggiare, per andare per negozi o per prendere qualcosa.

all'ultima moda in the latest style

A circa venti metri di altezza la luce del giorno filtra dalla volta di vetro e dalla cupola che si trova nel mezzo e s'innalza per altri trenta metri.

Dall'altro lato della Piazza del Duomo si vede molta gente che si dirige al Palazzo Reale per l'apertura di una mostra d'arte moderna. E ad ovest c'è la fermata dei numerosi autobus che si diramano° in tutte le zone della città.

si diramano branch out

La Galleria Vittorio Emanuele II.

Passeggio in Piazza della Republica.

Siamo arrivati ad Orvieto verso sera. La piccola città che domina la valle sottostante è ancora illuminata dagli ultimi raggi del sole, mentre la vallata è già in ombra. Il Corso Cavour è la strada principale che attraversa la città serpeggiando; è molto stretto e la luce del giorno vi penetra poco. È l'ora del passeggio serale che in Italia è ancora di moda: a coppie o in gruppo la gente passeggia chiacchierando o si ferma nei caffè e davanti alle eleganti vetrine dei negozi. Alcuni bambini corrono intorno. Gruppi di soldati della caserma vicina si dirigono° a qualche trattoria o ristorante. Le mura degli antichi palazzi risuonano° delle voci, delle risate, dei rumori della vita di Orvieto.

In queste grandi piazze e strette vie capita spesso di passare sotto una statua di Dante dallo sguardo° contemplativo o vicino ad una di Garibaldi in atteggiamento severo.

si dirigono go towards

risuonano resound

dallo sguardo with a look (appearance)

48

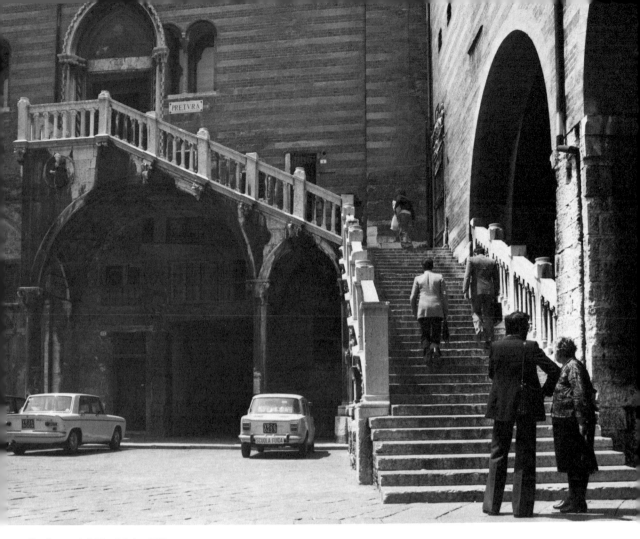

Scalinata del Municipio di Verona.

La vita nelle città di questo tipo influenza il carattere e il comportamento degli Italiani che crescono con una mentalità diversa da quella degli altri popoli. Un italiano non attraversa Piazza 4 Novembre a Perugia camminando di mala voglia,° e non cammina con la testa bassa lungo il Viale dei Ponti sotto la Fortezza di Volterra. Un italiano cammina eretto quando attraversa la Piazza dei Signori a Vicenza, anche quando è in compagnia di amici, il corpo ben diritto e la testa alta mentre osserva, camminando, la vita che scorre.

di mala voglia reluctantly

Gli Italiani guidano la macchina in modo del tutto diverso dagli altri popoli, le strade strette e spesso la mancanza di marciapiedi non favoriscono il traffico e tantomeno il parcheggio. E comunque, un romano, un bolognese o un veronese trova lo stesso un angolo dove infilare la macchina e lasciarcela tutto il tempo che vuole. Se un posto è troppo stretto per entrarci facendo

49

la normale manovra, vi si parcheggia la macchina di traverso lasciandola sporgere° sulla strada, se necessario.

Ci troviamo al ristorante Da Mimmo in Viale Matteotti, a Vibo Valentia. Siamo nel mese di luglio e la giornata è molto calda in questa parte della Calabria. La porta del ristorante è aperta ed entra una piacevole brezza.

Il mormorio tranquillo del locale, quasi al completo, viene d'improvviso interrotto dal suono del clakson° di un autobus. Tre uomini si alzano per andare a spostare le loro macchine.

Molte città e paesi italiani cercano di proibire o limitare la circolazione di automobili nei centri storici poichè le strade sono troppo strette e senza possibilità di spazio per parcheggi. Così, alcune strade di Verona, Alba, Orvieto, Siena, Ravenna, Roma, Vicenza e di altre città, sono tornate ad essere° quiete e piacevoli.

Nelle zone moderne di queste città le strade sono più larghe e c'è possibilità di parcheggio. I palazzi di quattro o cinque piani hanno quasi sempre un giardino più o meno grande e un cortile per i giochi dei bambini. Il loro aspetto è molto simile a quello delle città moderne di altri paesi come ad esempio New York, San Francisco, Stoccolma, o Madrid. L'uso di balconi, porte scorrevoli di vetro, finestre molto grandi e piante decorative è identico a quello degli Stati Uniti d'America.

In Italia l'abitazione più comune° è l'appartamento perchè il paese è molto popolato. Gli abitanti sono circa cinquantasei milioni, sono cioè un quarto della popolazione degli Stati Uniti d'America. La superficie dell'Italia è più piccola di quella della California che ha una popolazione di soli ventun milioni di persone.

La California e l'Italia si somigliano° nella forma stretta ed allungata, nelle montagne e nel mare. Ad eccezione della Valle Padana, che attraversa il nord in tutta la sua larghezza, l'Italia non ha grandi pianure. Nessun italiano abita a più di quaranta o cinquanta miglia dai monti.

Le Alpi si trovano al nord dell'Italia e confinano con° la Svizzera e l'Austria. A nord-ovest confinano con la Francia e ad est con la Jugoslavia. La catena degli Appennini inizia nell'Emilia Romagna, al sud di Bologna e Parma, e continua verso il sud lungo tutta la penisola. Qui, come in California, lo sci è uno sport molto praticato.

Come quelle californiane, le valli e le colline italiane sono coltivate a vigneti, frutteti, oliveti, grano, granturco e altri prodotti agricoli. Anche qui,

lasciandola sporgere letting it stick out

clakson horn

sono tornate ad essere become once again

più comune more popular

si somigliano resemble one another

confinano con they border with

50

Verona, Biblioteca Comunale

Siena. Entrata del Palazzo Pubblico.

come in California, la produzione maggiore è quella degli agrumi. La Sicilia ha il primato° nella produzione mondiale dei limoni.

ha il primato has first place

La maggior parte della superficie dell'Italia, però, non è coltivabile perché il quaranta per cento è costituito da terreno montagnoso o arido. Al giorno d'oggi l'Italia deve importare alcuni prodotti alimentari; molti contadini hanno lasciato il loro piccolo appezzamento di terreno in cerca di lavoro in città.

Lungo le spiagge, i pescatori buttano le reti per la pesca del tonno, delle sardine, dei gamberi, delle vongole, delle ostriche, del pesce persico e d'altre qualità di frutti di mare.° Il pesce ha grande importanza nella dieta italiana e viene preparato in maniere diverse nelle diverse regioni e città.

frutti di mare seafood

Lungo le spiagge italiane si trovano anche bei luoghi di villeggiatura e comode attrezzature balneari. La costa italiana, dal confine con la Francia a quello con la Jugoslavia, è lunga 5000 miglia. Lungo la costa si trovano insenature rocciose disseminate di° barche e motoscafi da diporto e belle spiagge punteggiate da ombrelloni dai vari colori. Le vacanze preferite dagli Europei del nord sono quelle passate in Italia. In agosto le strade italiane si affollano di macchine targate Belgio, Germania, Olanda, Austria, Svezia, Danimarca e così via.

disseminate di dotted with

Gli Europei del nord vengono a migliaia a fare il campeggio lungo le spiagge italiane, o a soggiornare negli alberghi che si trovano in molte stazioni balneari° per godersi il sole e il mare. Il sole e l'acqua del Mare Mediterraneo sono molto più caldi del sole e dell'acqua del Mare del Nord e dell'Oceano Atlantico.

stazioni balneari seaside resorts

Gli abitanti dei paesi del Nord-Europa passano sovente le vacanze in Italia, poichè, dopo l'ultima guerra, vi sono state costruite molte autostrade. L'Autostrada del Sole che va da Milano a Reggio Calabria è lunga 1250 chilometri ed è un susseguirsi° di gallerie e ponti, o viadotti, come sono chiamati in Italia; questi si trovano specialmente nel tratto dell'autostrada che attraversa gli Appennini e che è stato costruito quasi senza dislivelli.°

susseguirsi continuous sequence

senza dislivelli without variations in incline

L'autostrada Torino-Milano-Trieste, che è la principale arteria di congiungimento tra est ed ovest, attraversa una zona meno montagnosa, la grande pianura padana. Vi sono in Italia circa 5000 chilometri di strade in uso o in costruzione. Solo la Germania, in Europa, supera l'Italia nel campo delle costruzioni stradali.

Viaggiare su queste autostrade è piacevole e comodo anche perchè offre la possibilità di sostare negli spiazzi e nei ristoranti costruiti lungo la

Spoleto, Umbria, forte e guardia delle torri del ponte.

strada. Gli spiazzi hanno spesso panche e tavoli per poter consumare una merenda° all'aperto. Dato il clima abbastanza mite, gli Italiani vanno spesso a fare gite in macchina e verso mezzogiorno si fermano a fare un picnic lungo qualsiasi strada in cui ci sia dell'erba e l'ombra di qualche albero. A questo scopo sanno scegliere dei bei posti e portano con loro tavoli leggeri e sedie pieghevoli; il pasto è generalmente consumato con comodo, sorseggiando° un pò di vino. Dopo aver mangiato si fa una siesta prima di rimettersi in macchina.

I panorami che i turisti godono in Italia, sia in montagna che lungo le spiagge, sono spettacolari. Lungo il percorso che va dalla Baia di Napoli a Sorrento, si vedono bei giardini e lussureggianti aranceti e alberi di limoni che si arrampicano lungo i fianchi delle colline. Il panorama diventa più bello man mano che si sale.

Lo spettacolo più piacevole lo offre la Costa Amalfitana a poche miglia dalla penisola di Sorrento. La costa è lunga circa quaranta miglia; la strada è scavata nella roccia che scende a picco° sul mare.

La strada è un continuo susseguirsi di curve e di gallerie scavate nella roccia che assume forme fantastiche. Forme di campanili irreali, di mostri, di esseri preistorici, di strane facce e corpi. L'immaginazione di chi le guarda può sbizzarrirsi senza limiti.

È interessante notare le piante svariate nel° genere e nel colore, che crescono sulle rocce anche negli spiazzi più piccoli e negli incavi delle pareti a picco. A volte, lo spazio tra una montagna e l'altra degrada fino al mare ed il terreno è quindi in dolce declivio. Dove si trova una baia o un tratto di costa sabbiosa c'è un paese. È Positano o Vettica Maggiore o Amalfi o Atrani o un altro dei tanti villaggi di pescatori che sono diventati posti di villeggiatura. I pendii sono disseminati di alberghi e di villini estivi. Le spiagge sono affollate di corpi abbronzati stesi al sole° o che sguazzano tra le onde. Nei piccoli porti c'è movimento di barche e motoscafi. I pescatori continuano indisturbati i loro lavori.

Ad est di Amalfi c'è la Valle del Dragone. La strada sale serpeggiando fino alla cima dove c'è Ravello, a 600 metri dal limpido mare sottostante. La vista fa trattenere il respiro: da un lato ammiriamo la costa pittoresca e dall'altro una stretta valle ricoperta di vigneti, oliveti e frutteti.

A Ravello ci sono ville, giardini e chiese dell'undicesimo e dodicesimo secolo, che furono residenza di papi, re e artisti famosi. L'architettura prettamente° mediterranea, con le sue costruzioni bianche e con i tetti di

consumare una merenda to have a snack

sorseggiando sipping

scende a picco plunges down

svariate nel of various

stesi al sole sunbathing

prettamente typically

tegole rosse e il verde dei dolci pendii° fanno desiderare al turista di rimanerci per sempre.

dolci pendii smooth slopes

Lasciando Ravello, la strada costiera continua serpeggiando attraverso i due villaggi di Minori e Maiori; gira intorno a Capo Orso e costeggia poi il Golfo di Salerno arrivando alla città dallo stesso nome. Un viaggio come questo è piacevolissimo e lo si ricorda per sempre.

Nell'estremo nord dell'Italia si trovano le Dolomiti, che sono una catena di montagne caratteristiche per la loro forma frastagliata° e a cuspide.° Anche qui le erosioni hanno formato strane forme; il colore della pietra, che è di natura calcarea,° cambia a seconda dei riflessi della luce del sole. La strada delle Dolomiti che le attraversa, è lunga circa 112 chilometri e va da Bolzano, nel Trentino-Alto-Adige, fino a Cortina, nel Veneto.

frastagliata notched

a cuspide pointed

calcarea like limestone

Anche qui, come ad Amalfi, il panorama è maestoso e piacevole.

A parte le bellezze naturali, in questa zona molti vengono a fare l'alpinismo, a sciare, a pescare. Le vette di questi monti attirano gli alpinisti più coraggiosi e sofisticati; vi sono valli che attraggono i più esperti sciatori e laghi che ben s'adattano ai pescatori più esigenti. Il numero dei turisti è in continuo aumento.°

in aumento, getting larger

Il caldo sole mediterraneo, l'ideale temperatura dei mari, dei laghi e dei fiumi, le spiagge e i monti, attraggono sempre più in tutta Italia i villeggianti di altri paesi europei. E ciò ricorda sempre più agli Italiani la fortuna che hanno avuto di abitare in un paese così attraente.

Piazza, via, paese; ogni italiano è orgoglioso della propria città o villaggio natale, ma ciò è spesso un problema. Infatti, prima dell'unità italiana, avvenuta appena° cento anni fa, le città erano spesso in lotta tra loro.° Ad esempio, Vicenza fu conquistata da Verona; Siena e Firenze furono in guerra tra loro; Genova e Venezia furono nemiche mortali; l'Umbria fu continuamente attaccata° dai suoi vicini.

appena just

lotta tra loro fights between themselves

attaccata attacked

L'unità italiana non è stata facile. Gli Italiani del Meridione non si identificavano facilmente con i Piemontesi; i Siciliani si sentivano conquistati da Garibaldi e dai suoi ''Mille'' ma non liberati. Ogni città, provincia o regione fu coinvolta, in un certo periodo, in lotte con i vicini. Contrariamente alla lotta per l'indipendenza americana, le città italiane non avevano in comune un aggressore straniero. E la loro barriera all'unità era rappresentata dalle differenze di attitudini, opinioni e costumi. Barriere che erano più alte delle montagne che le dividevano.

Sotto Ravello i vigneti scendono fino al mare punteggiato
da barche e battelli da diporto e da pesca.

Cento anni non sono bastati ad eliminare queste diversità che hanno diviso gli Italiani per tanti secoli. Un certo campanilismo° si sente dovunque. Il turista nota spesso che gli abitanti di un posto hanno da criticare quelli di un altro e viceversa. Li sente dire ad esempio che: "Quelli lì non vogliono lavorare . . ."; "Loro sono la causa dei problemi del paese"; "Quelli hanno una mentalità diversa . . .."; "Vogliono l'uovo oggi invece della gallina domani". In altre parole: "Il siciliano è così . . ." e "Il fiorentino è cosà . . ."; "Il romano fa questo . . ." e "Il pisano fa quello. . . ." Ci vorranno molti anni ancora prima che° questi pregiudizi svaniscano.

campanilismo parochialism

ancora prima che even before

Domande

1. Milanese, fiorentino, romano ecc. Noi Americani, ci definiamo allo stesso modo? Quali sono le basi sulle quali noi facciamo le nostre distinzioni?

2. Le passeggiate serali fanno parte della vita italiana. Quali ti sembrano le ragioni di questa usanza? Questo fa anche parte della tua cultura?

3. Qual è la differenza tra la tua attitudine personale verso la macchina e il guidare, e quella degli Italiani?

4. Quali nomi di automobili italiane conosci?

5. Quali sono gli sport che ti piacciono di più? Se tu fossi in Italia, in quali regioni potresti praticarli?

6. Programma il *tuo* tipo di vacanza in Italia. Come vorresti viaggiare? Cosa preferiresti vedere? Quali esperienze vorresti fare?

Siena. Palazzo in Piazza del Campo.

Un angolo della Piazza dei Signori a Vicenza. L'Italia è piena di tali deliziose viste.

BELLI SECVR
QVIESCO

Tre amici son pochi;
un nemico è di troppo.

ISTITUTO OTTICO VIGANO

Con pioggia o sole, Piazza Garibaldi è
il posto di ritrovo piu comune per i cittadini
di Parma. Giovani e anziani vi ritrovano gli
amici e vi discutono gli avvenimenti del giorno.

già affollato already
crowded

più diffuso most circulated

diede un'occhiata he
glimpsed

mette alla prova puts to
the test

Giancarlo, venendo dalla penombra di Via Vittorio Emanuele, entrò nell'assolata Piazza Savona. Era un caldo mattino autunnale e il Caffè Umberto era già affollato.° Si sedette in una delle poche sedie vuote.

Giancarlo aprì *La Stampa,* il giornale più diffuso° a Torino, e diede un'occhiata° ai titoli degli articoli. "La crisi della sinistra mette alla prova° l'eurocomunismo," era il titolo di un articolo di tre colonne di un corrispondente da Parigi. Riccardo, il cameriere, si fermò al tavolo di Giancarlo e lo salutò.

Giancarlo rispose: "Buongiorno, Riccardo. Tutto bene?" "Sì, grazie! E Lei?" "Bene, grazie. Un caffè, Riccardo, per favore." "Sì, un momento." Riccardo andò a prendere il caffè.

verso il rinvio toward
adjournment

Giancarlo tornò al suo giornale. "Elezioni: si va verso il rinvio°—Accordo tra democristiani, comunisti, socialisti, repubblicani—Tra pochi giorni la decisione," era un articolo da Roma circa le prossime elezioni amministrative. E un secondo articolo diceva: "Nel 1977 il reddito è + 2,2%. L'inflazione è scesa del 15%. Il governo approva il bilancio dello Stato." Da New York, un dispaccio sulla situazione della politica americana diceva: "Carter: il Congresso ostile sulla politica energetica. Conferenza stampa sui temi più urgenti."

attenersi follow

Giancarlo sospirò. Il tono degli articoli era pesante. Nella seconda pagina lesse: "Auto: ecco i nuovi limiti di velocità." Bene, questo non era troppo serio. Continuò a leggere. "Roma, 29 settembre. Sono state fissate le velocità massime a cui dovranno attenersi° gli automobilisti: 130 chilometri all'ora sulle autostrade, 100 sulle strade fuori città e 50 nei centri abitati."

piccola cilindrata small
cylinder

extraurbane out of the city

L'articolo continuava: ". . . i limiti di velocità anche per le auto di piccola cilindrata.° Per quelle fino a 500 centimetri cubici è stato stabilito un limite massimo di 90 chilometri orari sia sulle autostrade che sulle strade extraurbane.° Le vetture da 500 a 800 centimetri cubici non potranno superare i 110 chilometri in autostrada e i 100 sulle extraurbane.

Un sospiro più forte fu emesso da Giancarlo quando mise giù il giornale per prendere la bustina dello zucchero dal piattino del caffè e versarlo nella tazzina che Riccardo aveva appena portato. Per Giancarlo i nuovi limiti di velocità rappresentavano un'altra intrusione da parte del governo nella vita privata dei cittadini. Egli sorseggiò il caffè e continuò a sfogliare° il giornale.

sfogliare to leaf through

In terza pagina un articolo editoriale era dedicato al terrorismo e alla democrazia. Un altro articolo parlava dell'era spaziale. Giancarlo lesse con molto piacere: "Vent'anni fa lo Sputnik aprì l'era spaziale—Il bip-bip che mutò il mondo.° La sera del 4 ottobre 1957, il primo satellite artificiale schiudeva all'umanità° un'epoca di straordinarie conquiste scientifiche— Dodici anni dopo, l'uomo scese sulla luna—Oggi seimila satelliti solcano i cieli."°

Il lungo articolo iniziava al di sotto di una fotografia con questa didascalia: "Neil Armstrong, il primo uomo che scese sulla luna nel luglio del 1969, accanto ad un braccio del suo veicolo spaziale." Gli avvenimenti spaziali eccitarono Giancarlo. Aveva quindici anni quando il primo Sputnik entrò in orbita e d'allora° aveva seguito ogni attività spaziale con grande interesse. Continuò a leggere: "La prima notizia arrivò alle 11 e 32 di sera. Data: 4 ottobre 1957, vent'anni fa. Si trattava di un flash d'agenzia che riprendeva un breve comunicato della Tass diramato per i servizi esteri. Diceva soltanto, senza alcun rilievo° particolare, che l'Unione Sovietica aveva lanciato, durante l'Anno Geofisico Internazionale, un satellite artificiale dalla terra. Un nuovo corpo celeste in miniatura . . ." Giancarlo ricordò molto bene quanto era stato eccitante guardare alla televisione l'atterraggio sulla luna. Rileggere quell'avvenimento sul giornale era per lui un grande piacere.

Il Caffè Umberto era rumoroso, i rumori provenivano da ogni direzione; il chiacchierio di cinque o sei persone sedute al tavolo vicino era distinto. Altre voci si confondevano tra loro in un forte brusio.°

Un giovanotto si era alzato lasciando i suoi amici seduti intorno al piccolo tavolo rotondo pieno di tazze e bicchieri. Due ragazze parcheggiarono la loro piccola motocicletta, una Ciao, vicino al caffè e, ridendo e chiacchierando, si avviarono verso un tavolo vuoto.

Ad un tavolo tre uomini discutevano animatamente, due di loro gesticolavano molto spesso. Le braccia si alzavano e si abbassavano, le mani si aprivano e si stendevano in movimenti più o meno rapidi. Uno di loro aveva espresso la sua opinione. Un altro, in risposta,° aveva steso la mano destra e poi l'aveva alzata con la palma in su. L'espressione del viso esprimeva incredulità. La testa e gli occhi spalancati puntavano verso l'alto° come a chiedere aiuto dal cielo. Dalla bocca che prima era atteggiata ad una risata° venne fuori un: "U u u u u, mamma mia che sciocchezza!!"° Ma l'altro non si scoraggiò e insistè sul suo punto di vista. Si trattava di una discussione su una partita di calcio, argomento molto importante per la maggior parte degli Italiani.

La conversazione è un mezzo di comunicazione per gli Italiani. La maggior parte di loro legge i numerosi giornali che sono in circolazione. Molti

mutò il mondo changed the world

schiudeva all'umanità opened to mankind

solcano i cieli cross the skies

d'allora since then

senza alcun rilievo without much elaboration

in un forte brusio in a loud buzz

in risposta in answer

puntavano verso l'alto pointing upward

ad una risata for a burst of laughter

che sciocchezza how foolish

leggono le eccellenti riviste che vengono pubblicate, quasi tutti guardano la televisione che arriva con i suoi programmi anche nei più piccoli villaggi di montagna, ma tutti gli Italiani conversano.

La conversazione ha molti scopi in Italia come in tutti gli altri paesi del mondo: le discussioni uniscono le comunità. È con la conversazione che molte informazioni vengono trasmesse: si conversa facendo la spesa, lavorando, educando i figli. Col discorso si scambiano idee ed esperienze di vita.

Gli Italiani sono degli ottimi oratori, molti di loro hanno la parlantina sciolta. Non è difficile per una bambina di prima elementare descrivere in dettagli un avvenimento scolastico; un ragazzo di scuola media, quando si trova con gli amici, può impiegare dieci minuti per descrivere come sia riuscito ad attraversare i binari° proprio prima che le sbarre° si chiudessero. Gli adulti, naturalmente, sono ancora meglio; e le persone anziane che per lo più hanno frequentato la scuola per pochi anni, preferiscono esprimersi solo oralmente. Parlando con gli altri essi rivivono le loro esperienze e provano grande soddisfazione nel sentirsi capaci di condividerle con il prossimo. È un piacere osservare la soddisfazione che una persona italiana manifesta quando ha l'occasione di comunicare con gli altri.

binari railroad tracks

le sbarre the bars

Ci troviamo nello scompartimento di seconda classe di un treno pomeridiano° che fa il percorso Torino-Milano. Noi e le nostre valige siamo pigiati, insieme ad altre sei persone, nello scompartimento piccolo, ma comodo che è al completo. La lingua che vi si parla suona ancora strana alle nostre orecchie.

pomeridiano afternoon

Davanti a noi una giovane coppia si tiene per mano.° L'espressione del viso di lei è molto seria. Lui sembra preoccupato. Sono molto giovani. Forse lui è in partenza per il servizio militare oppure sono in viaggio per andare a conoscere i genitori di lei e chiedere il permesso di sposarsi.

si tiene per mano are hand in hand

Le nostre supposizioni vengono accantonate quando due delle signore più anziane iniziano una conversazione. All'inizio è solo uno scambio di frasi° brevi e occasionali. Le due donne non si conoscono. Poco dopo, però, si scambiano idee e opinioni alle quali anche gli altri passeggeri cominciano ad interessarsi. La natura del discorso è amichevole e rispettosa e continua così per tutta la durata° del viaggio,

scambio di frasi exchange of opinions

la durata the length

In Via Orefici, a Bologna, gli uomini si ritrovano ogni giorno e si scambiano i loro punti di vista sulle partite di calcio.

Signore di Parma in Piazza Marconi.

> *due ore e mezza, finchè arriviamo a Torino. Anche scendendo le due donne continuano la conversazione che le unisce.*

La conversazione sulla realtà della vita non ha mai fine. Infatti continua nei negozi, con gli amici, in famiglia.

> *Andiamo a visitare una famiglia che abita in un villaggio nell'Italia centrale. Sul sedile posteriore della nostra piccola Fiat, sono seduti due fratelli settantenni° che ci accompagnano.*

settantenni in their seventies

> *I fratelli sono nati e cresciuti nello stesso paese e si vedono ogni giorno ma per tutta la durata del viaggio discutono animatamente e continuamente. In questa loro conversazione sembra definirsi la loro identità.*

Il dialogo dei due fratelli è, per noi, incomprensibile. Le parole scorrono l'una dopo l'altra senza sosta. Il suono di questo dialetto non sembra quello

Ravenna. Un tardo pomeriggio in Piazza del Popolo.

di un dialetto italiano. In Italia si parlano molti dialetti completamente diversi l'uno dall'altro.

Nei secoli scorsi, prima della costruzione di molte strade, il terreno montagnoso non favoriva la comunicazione tra paesi e città. In ogni area abitata si era così venuto a creare un dialetto, che poteva differenziarsi dagli altri solo per espressione o accento, oppure poteva essere tanto diverso da sembrare° addirittura un'altra lingua. Ma quest'ultimo tipo di dialetto era un'eccezione e veniva parlato in zone completamente separate dalle altre da fiumi, laghi o confini politici.

da sembrare to resemble, seem

Con la costruzione di strade asfaltate negli ultimi decenni, con l'uso della radio e della televisione, la lingua nazionale si è diffusa dappertutto. Ciò nonostante,° per la maggior parte degli Italiani il dialetto è una tradizione cara da conservare e perciò è usato.

nonostante nevertheless

Siamo andati a fare una visita ad una famiglia italiana. Il padre dei nostri ospiti, che ha 82 anni, quando ce ne

andiamo ci saluta dicendo: "Arrivederci, e se non ci incon-
treremo più su questo mondo mi auguro che ci rivedremo in
Paradiso."

Questo saluto è espresso prima in dialetto veneto e poi è ripetuto in italiano.

Ogni dialetto ha le sue espressioni caratteristiche, le sue frasi particolari e i suoi termini originali che si sono formati in base alle esperienze di vita proprie di certi ambienti. È così che una certa espressione viene ad appartenere° ad una certa località. Ad esempio, un'espressione caratteristica del Veneto perde la sua efficacia quando viene usata per descrivere eventi in Toscana o in un'altra regione. In altre parole, il dialetto definisce qualcosa con più precisione di quanto non lo faccia la lingua nazionale.

Il dialetto esprime anche un senso di appartenenza alla stessa parentela o stirpe. Per cui, le persone che non parlano lo stesso dialetto si sentono più o meno separate. I dialetti rinforzano il provincialismo.

Alcuni dialetti sono molto diversi dalla lingua italiana. Quello parlato a Bologna, per esempio, ha una grammatica e molti vocaboli tutti suoi.° Molti libri furono scritti in bolognese.

Ad ogni modo, sia parlando in dialetto che nella lingua nazionale, gli Italiani parlano con esuberanza; non c'è niente di monotono in una conversazione italiana. La lingua di per se stessa ha un suono piacevole; ha forse il suono più melodico di ogni altra lingua. Dell'imperatore Carlo V si diceva che parlasse spagnolo con Dio, francese con gli uomini, tedesco con i cavalli e italiano con le donne.

Quel che era valido per l'imperatore Carlo nel sedicesimo secolo, è valido ancora oggi per tutti gli uomini e le donne italiane. Nel pomeriggio molte coppie si incontrano per una passeggiata o per andare al parco, in un caffè o sul bordo di una fontana. Le loro parole non si esauriscono mai. Parlano stando molto vicini e guardandosi negli occhi. Alcune coppie parlano a bassa voce,° altre discutono a voce molto alta, scherzando e ridendo animatamente. E il suono della lingua italiana sembra ancora più bello.

Sia in una conversazione amorosa che in una discussione di sport o di politica, le espressioni italiane sono usate con la stessa consapevolezza con cui uno strumento a solo è suonato in un'orchestra. Lo strumento rappresenta la parola e l'orchestra rappresenta il corpo. C'è accordo tra parola e corpo: la testa, le mani, le braccia, il torso, tutto il corpo, concorre a dare

---

viene ad appartenere gets to belong

tutti suoi all its own

a bassa voce in a low voice

Giovani ad una festa religiosa nella cittadina di Albaredo,
provincia di Treviso, al nord-ovest di Venezia.

enfasi alle parole. I movimenti del corpo aiutano ad esprimere il significato delle parole.

a loro volta in turn

Alcuni dicono che un popolo è ciò che il suo linguaggio gli permette di essere e che i vocaboli e la struttura del linguaggio, a loro volta°, determinano il modo di pensare e di ragionare di chi lo usa. La lingua italiana offre senz'altro una grande possibilità di espressioni originali ed efficaci.

si può dire one can say

Così si può dire° senza dubbio che gli Italiani sono molto più espressivi di altri popoli.

Domande

1. Gli avvenimenti letti sui giornali italiani e americani ti sembrano descritti alla stessa maniera? Paragona il modo in cui un avvenimento internazionale viene descritto su un giornale italiano con quello usato in un giornale americano.

2. Paragona le inserzioni e le réclames fatte su delle riviste italiane e americane. Viene usata la stessa tecnica? Se ti sembra diversa, in che maniera lo è?

3. Quale sezione del giornale ti interessa maggiormente?

4. Il caffè in Italia è generalmente un posto piacevole di ritrovo per conversazioni e discussioni sociali. Ti sentiresti a tuo agio in questo ambiente o no? Perchè?

5. Sei su un treno in Italia e vuoi esercitarti in italiano, che cosa dici per iniziare una conversazione?

6. Ci sono dialetti americani difficili da capire? Quali sono?

7. Pensi che i dialetti dovrebbero essere conservati o no? Perchè?

8. In che modo diresti che i gesti delle persone facilitano la conversazione? Conosci dei gesti tipici degli Americani in conversazione? Ne conosci alcuni tipici degli Italiani?

I gesti delle mani e lo sguardo esprimono esattamente il pensiero

Che tu possa trovare tante volte
l'amore che ti dettero tua madre e tuo padre.

la famiglia

Roma. Pomeriggio domenicale a Villa Borghese.

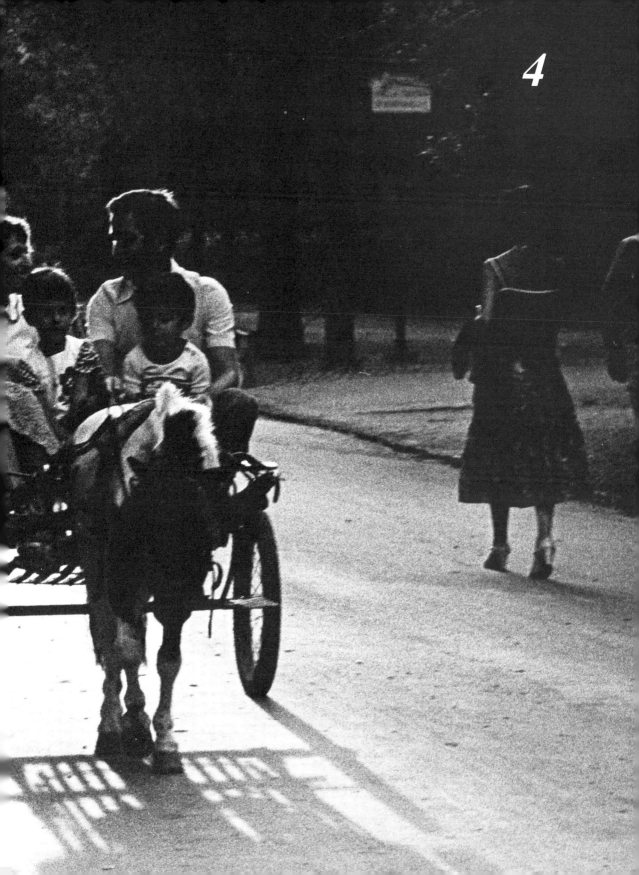

4

Nel parco la quiete del pomeriggio domenicale° viene improvvisamente interrotta dal pianto di un bambino. Il filo del suo palloncino rosso gli è scivolato via° di mano. Il pianto aumenta mentre il palloncino sale sempre più verso il cielo. Ma subito il bambino è tra le braccia del padre che lo consola e lo convince a dire ciao al suo palloncino che è andato soltanto a fare una passeggiata per conto proprio.°

Una bambina sta facendo un giro su uno dei cavallini del parco. L'uomo che l'accompagna si diverte anche lui; i due si dirigono verso i genitori e la nonna della bambina che sono seduti su una panchina a chiacchierare e a godere il verde e la tranquillità del posto, lontani dai rumori della città.

Villa Borghese, il bellissimo parco di Roma, quel pomeriggio domenicale era piena di gente di tutte le età. Alcuni giovani giocavano al pallone, altri andavano in bicicletta, altri ancora correvano, si arrampicavano, facevano l'altalena. C'erano le giostre, i cavallini da affittare con o senza carrozzella. C'era il laghetto cosparso di barche a remi.

Erano numerosi, nel parco, i gruppi di famiglie i cui componenti appartenevano a tre generazioni. In quasi tutta l'Italia, la famiglia rappresenta ancora il gruppo sociale più importante. La famiglia occupa il primo posto° nelle feste, nelle celebrazioni, nei pranzi, nelle vacanze e nei picnic.

Spesso queste attività includono e sono organizzate dai nonni. La famiglia in Italia si estende ad° includere i nonni, gli zii e le zie, i cugini e anche un po' i vicini.

Siamo seduti intorno al tavolo da cucina in casa di un dirigente commerciale. Il leggero pasto serale è stato consumato e l'ultimo bicchiere di vino Tocai Bianco viene sorseggiato lentamente. Questo vino di ottima qualità è dell'Italia settentrionale. Il nostro ospite ci parla del suo lavoro: si occupa di strutture prefabbricate che vengono usate nelle costruzioni in quella zona italiana distrutta dal terremoto° del 1976. Mentre stiamo conversando la porta si apre e il padre del nostro ospite entra.

Il nostro ospite si alza immediatamente e va ad abbracciare il padre dandogli il benvenuto.° In quel momento ha dimenticato anche i suoi ospiti. Poi ci presenta il padre, Giuseppe, 82 anni, un produttore agricolo ancora molto attivo che abita con uno dei suoi figli 200 metri più lontano. Una sedia viene aggiunta al tavolo e col nuovo arrivato beviamo tutti un altro bicchiere di vino.

Villa Borghese è ombreggiata da magnifici pini ad ombrello.

L'affetto dimostrato in questa occasione è stato spontaneo e sincero nonostante la presenza di estranei.

Il legame familiare è molto sentito° in Italia. Quando i figli si sposano preferiscono abitare, se è possibile, vicino ai genitori. Se vanno ad abitare lontano o in un'altra città è, in genere, per ragioni di lavoro.

molto sentito strongly felt

Dato il continuo sviluppo delle industrie nelle grandi città, molti contadini lasciano i paesi per andare a lavorare in fabbriche e in uffici dove il guadagno è più alto. Ciò contribuisce a cambiare il modo di vivere tradizionale della famiglia italiana. Un tipico esempio è la famiglia Del Barba. Siamo in Emilia Romagna.

Lasciato Reggio, in Emilia Romagna, la Statale 63 sale verso gli Appennini, dirigendosi verso il sud dove, a circa 90 miglia si trova La Spezia e il mare. A poche miglia da Castelnovo ne' Monti, una piccola strada di campagna scende serpeggiando fino al piccolo villaggio chiamato Talada, che conta poche centinaia di abitanti. Molte famiglie si chiamano Del Barba. Questa famiglia vive a Talada da molte generazioni.

Armando e Arduino Del Barba sono settantenni. Erano i figli più giovani di Giuseppe e Maria. Il maggiore dei fratelli, Archimede, morì nella prima guerra mondiale. Il secondogenito, Ernesto, lasciò Talada quando aveva sedici anni per emigrare negli Stati Uniti d'America. Ernesto si tenne sempre in contatto con la famiglia scrivendo e mandando denaro e capi di vestiario. Dopo la seconda guerra mondiale tornò molte volte a visitare i familiari.

A quel tempo Talada era un villaggio povero. Il terreno coltivabile era poco. L'unica risorsa del paese consisteva nella produzione del formaggio grana, che si chiama anche parmigiano. Ma il guadagno ricavato da questo prodotto non bastava ad acquistare ciò che in paese non si produceva.

Armando e Arduino rimasero a Talada occupandosi di alcuni capi di bestiame e un piccolo appezzamento di terreno. Si sposarono ed ebbero dei figli. Con le rispettive famiglie, essi si sono adattati alle esigenze della vita moderna.

In famiglia si racconta ancora che, quando la luce elettrica venne installata a Talada, il nonno Giuseppe non credeva ai propri occhi. In quel piccolo paese, la gente non era abituata° a grandi cambiamenti. Anche la costruzione della strada, che unisce il paese all'autostrada, fu considerata un avvenimento grandissimo dagli abitanti del paese. Oggi invece tutto viene accettato in maniera diversa.

abituata accustomed

Armando e sua moglie Olimpia vivono in una casa a due piani sulla via principale di Talada, hanno tre figli che sono ormai adulti: Arnaldo, il primo, ha quarant'anni ed è scapolo.° Fa il falegname, l'elettricista e il muratore, e vive in una casa costruita da lui stesso vicino a quella dei suoi genitori. La sua casa ha due piani: al pian terreno vi è un magazzino e una cantina. Al primo piano vi è un appartamento moderno. A differenza delle case di città, in queste il riscaldamento funziona a legna anzichè° a gas.

Arnaldo va ogni giorno a far colazione e a cenare a casa dei genitori.

Norma, la secondogenita,° è quasi trentenne. Abita col marito, Sergio, e i due figli, Daniele di cinque anni e Gimi di uno e mezzo, nell'appartamento al primo piano della casa dei genitori di lei. La famiglia di Sergio abita a pochi metri di distanza nella stessa strada.

Ogni mattina Sergio va al lavoro con la sua piccola automobile Simca. Egli lavora per il mantenimento delle linee elettriche di tutta la provincia. Il suo lavoro, come quello di suo cognato Orlando, si svolge fuori del paese.

Sergio, Norma e i loro bambini vanno spesso a trovare° i nonni dopo cena. In un angolo della grande cucina di Armando e Olimpia c'è la televisione accesa° ma non tutti generalmente la guardano. Il nonno di solito gioca con i nipoti. Norma e Olimpia guardano ogni tanto la televisione mentre fanno la maglia. Sergio e Arnaldo sono forse quelli che seguono un po' di più i programmi televisivi.

Norma e sua madre passano molto tempo insieme. Da quando Olimpia ha comperato la macchinetta per fare la maglia,° le due donne lavorano insieme e fanno maglie, scialli e altri indumenti di lana che vengono ordinati dalle donne del paese per le loro famiglie. Questo lavoro dà un aiuto finanziario alla famiglia.

Ernesto, il figlio più giovane di Armando e Olimpia, non abita a Talada. Con sua moglie Teresa, egli abita a Castelnovo ne' Monti che si trova a pochi chilometri di distanza da Talada. Non hanno ancora figli ed Ernesto lavora per la compagnia telefonica di Castelnovo. Circa una volta alla settimana Ernesto e Teresa vanno a visitare i genitori a Talada e spesso rimangono a cena da loro.

Olimpia e Armando hanno la fortuna di passare del tempo con i nipotini, mentre sono ancora piccini e vicini a loro.

I bambini vanno spesso con la nonna a fare la spesa al negozietto di generi alimentari° che si trova a pochi metri da casa. Terminata la spesa vanno a trovare il bisnonno.

Armando e Arduino del Barba in visita alla sorella Ida nella sua nuova casa in campagna a poche miglia da Talada

Il padre di Olimpia ha 97 anni. Egli abita con la famiglia dell'altra delle sue due figlie in una nuova casa poco distante. Olimpia va a visitarlo quasi ogni giorno. I bambini, dopo aver salutato il bisnonno e chiacchierato un poco con lui, ricevono qualche giocattolo e giocano mentre gli adulti parlano.

Arduino e Alice vivono nello stesso modo nella parte più esterna del paese, dove Talada finisce. Vivono in una casa sulla via principale, vicina a quella di Armando. Anche loro hanno due appartamenti. Al primo piano abita il più giovane dei loro figli, Marcello, con la moglie e due bambini. Marcello lavora a pochi chilometri da Talada per la stessa compagnia elettrica per la quale lavora il cugino Sergio.

Giuseppe il primogenito di Marcello e Paola abita con moglie e figli appena fuori° Talada; la sua casa si trova su una collinetta vicino alla strada. Anche lui lavora per la compagnia elettrica regionale dirigendo i lavori di nuove linee.

appena fuori just on the outskirts

Come Armando e Olimpia, anche Arduino e Alice sono costantemente circondati dall'affetto e dalla compagnia dei figli e dei nipoti. Anche loro cenano spesso insieme e passano molte ore insieme chiacchierando e raccontandosi gli avvenimenti della giornata. Figli e figlie abbracciano i genitori quando vanno a trovarli, i nipotini si arrampicano sulle° ginocchia dei nonni appena questi si sono seduti. Tutti chiacchierano molto volentieri. Gli uomini discutono più spesso di agricoltura, del clima, di vini e di altri argomenti che, secondo la gente del posto, sono ritenuti propri degli uomini. Nello stesso modo le donne discutono di ciò che le interessa di più.

si arrampicano sulle they climb on

Le persone più anziane sono quasi sempre al centro della vita di tutti. I figli, anche se non hanno lo stesso lavoro del padre gli chiedono spesso consigli e opinioni. Le figlie accettano volentieri l'insegnamento delle madri e delle suocere che hanno avuto molta esperienza nel crescere figli, nel cucinare, eccetera. Ad ogni modo, non c'è soltanto rispetto tra i membri delle famiglie, ma c'è anche un sentimento di spontaneo amore e affetto.

Le famiglie Del Barba rappresentano la tipica famiglia italiana.

Le nuove generazioni di Talada hanno possibilità di scelta di lavoro. La costruzione delle strade e l'uso delle automobili permettono di andare fuori del paese a lavorare e vivere nel paese natio senza dover lasciare i parenti e gli amici.

In Italia la famiglia rappresenta l'istituzione più importante, l'elemento più stabile di una nazione che durante tutta la sua storia ha sempre visto guerre di fazione,° sommosse politiche,° fluttuazioni economiche° eccetera.

guerre di fazione warring factions

sommosse politiche political upheaval

fluttuazioni economiche economic fluctuations

A pranzo Arnaldo è servito per primo perchè lui deve tornare al lavoro. Gli altri mangeranno con più tempo e calma.

85

Armando e sua moglie Olimpia fanno una passeggiata fino alla casa del nonno con due dei loro nipotini.

Siamo ospiti in casa dei genitori di alcuni amici. Abbiamo appena finito di pranzare. Ci siamo congratulati con la padrona di casa per la buona cucina e con il padrone di casa per il vino eccellente fatto con l'uva coltivata da lui stesso.° Quando siamo pronti per andarcene, il nostro amico si scusa e ci dice che, se a noi non dispiace, vorrebbe rimanere ancora un poco con i suoi genitori e chiede a sua moglie di

da lui stesso by himself

Dopo essere stato imboccato dalla mamma, il piccolo Gimi ha scelto di sedere sulle ginocchia del nonno.

**Armando gusta quietamente una sigaretta
seduto presso la stufa in cucina.**

accompagnarci alla porta. Poi a voce più bassa ci spiega
che questo attaccamento ai genitori viene scherzosamente
paragonato a quello del lattante a sua madre.

Infatti, l'allattamento materno viene ritenuto la base della famiglia. Per cui il paragone sembra molto appropriato.

Domande

1. Nella tua famiglia, c'è l'abitudine di andare fuori insieme? Quando?

2. Pensi che la maggior parte degli Americani passi la stessa durata di tempo sia con la famiglia che con gli amici o no? Perchè?

3. Ti troveresti a tuo agio adottando l'uso italiano di dare la mano a parenti e amici anche quando ti vedi con loro quasi ogni giorno?

4. Ti piacerebbe vivere con i parenti, anche dopo sposato? Quali vantaggi e quali svantaggi vedi nel vivere molto vicino ai parenti?

5. Vorresti stabilirti nella stessa città o villaggio dove sei cresciuto? Dai delle spiegazioni.

6. Pensi che i tuoi genitori o parenti vorrebbero vederti frequentemente anche se tu fossi finanziaramente indipendente?

7. La famiglia è ancora l'elemento più stabile della società americana?

8. Pensi che i figli abbiano degli obblighi verso i loro genitori?

Nel piccolo villaggio toscano di Casale Marittimo, una famiglia
fa una sosta durante la sua passeggiata mattutina.

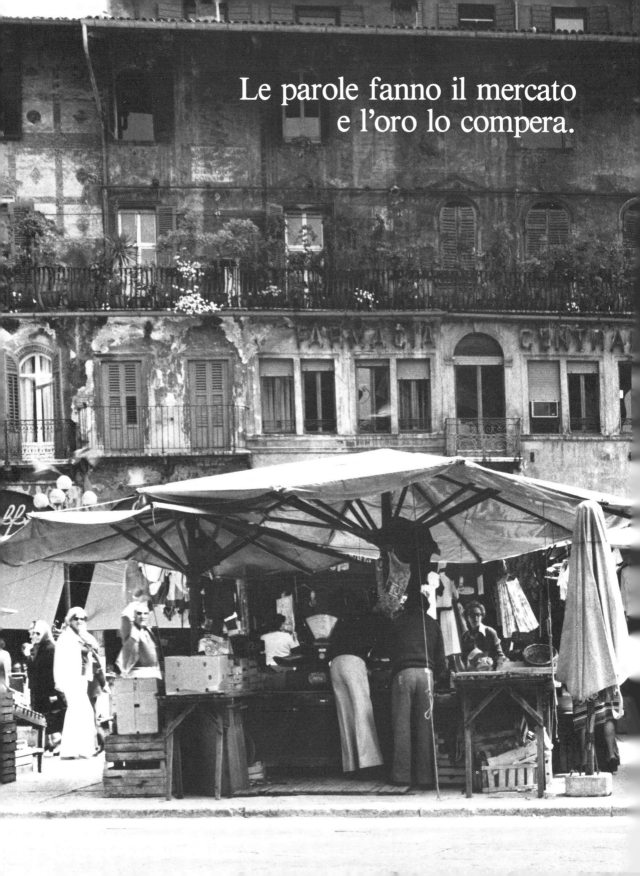

Le parole fanno il mercato
e l'oro lo compera.

al mercato

Mercato in Piazza delle Erbe, Verona.

La signora Villani camminava a passo svelto° lungo la Via Mazzini spingendo nel passeggino° il figlio Paolo di due anni. Era una piacevole mattina di agosto e le signore di Verona facevano quello che, in genere, fanno tutte le signore in Italia: andavano al mercato per comprare frutta e verdura, alla macelleria per la carne, al panificio per il pane, in salumeria per salami, formaggi, pasta, eccetera. Andavano in pasticceria per i dolci e in profumeria per saponi e cosmetici. I supermercati, di tipo americano, si trovano soltanto ancora nelle grandi città.

La signora Villani sostò davanti alla vetrina del negozio° di musica. In vetrina c'erano gli ultimi dischi di Santana che tra due settimane sarebbe stato a Verona per un concerto. In vetrina, vi erano esposti anche dei dischi incisi° dal gruppo rock ''Chicago.'' Anche loro dovevano dare un concerto durante il programma estivo che si teneva ogni anno, all'Arena di Verona, anfiteatro romano che risale al primo secolo e si trova in piazza Bra, che è il cuore stesso della città.

I dischi di Santana e del gruppo ''Chicago'' costano di più di quelli di rock europeo e di musica folk. Infatti, i primi costavano 8.300 lire, quasi $9.20. Nel considerare tali prezzi,° la signora Villani scosse la testa° poichè i dischi costavano generalmente dalle 4.000 alle 6.500 lire. Mentre era assorta a guardare la vetrina la signora sentì che il manico del seggiolino veniva leggermente scosso. Paolo stava cercando di alzarsi e di girarsi verso la madre. A lui non piaceva fermarsi, preferiva andare avanti. La madre gli sorrise e proseguirono verso il mercato di Piazza delle Erbe.

I passi della signora Villani, che era ben vestita, snella ed attraente, risuonavano sul selciato di via Mazzini. Portava un bel paio di blue jeans e una maglietta con scollatura a V° dalla quale risaltava il colletto ben fatto di una camicetta di seta a quadretti.° I suoi lunghi capelli castani avevano un bel taglio moderno e un ciuffo le ricadeva sui grandi occhiali di Cardin.

La signora Villani girò infine a sinistra e si trovò sotto i grandi ombrelloni del mercato all'aperto. I signori Villani avevano invitato degli amici a cena quella sera e la lista della spesa° era piuttosto° estesa. Come antipasto, avevano deciso di offrire prosciutto e melone. Quindi la signora avrebbe comprato il melone al mercato e il prosciutto nella salumeria vicina, in Corso Porta Borsari. Al panificio e pasticceria De Rossi, che si trova vicino al mercato, avrebbe comprato le tagliatelle da servire° condite con salsa di pomodoro e parmigiano grattugiato.

Nella macelleria di Via Cappello la signora avrebbe comprato le cotolette di vitello e al mercato avrebbe acquistato non soltanto zucchini, peperoni,

Il mercato offre grande varietà di frutta e verdura fresca.

pomodori e cipolle per fare la peperonata, ma anche pesche, pere ed uva. Alla fine della cena avrebbe servito una torta-gelato che avrebbe comprato nella gelateria di Via Mazzini.

Raffaele, invece, avrebbe pensato alle bevande, avrebbe servito, probabilmente, un vino sardo, un Vernaccia bianco secco leggermente amaro e molto adatto° anche come aperitivo. Infatti, il sapore amarognolo stimola l'appetito.° A tavola ci sarebbe stata anche qualche bottiglia di Bardolino, un vino leggero e limpido che si produce nella zona del Garda, a nord-ovest di Verona. Ci sarebbero state anche delle bottiglie di acqua minerale, immancabile durante i pasti italiani. Dopo la torta-gelato Raffaele avrebbe servito del cognac italiano Stock da prendere con il caffè.

molto adatto very suitable

stimola l'appetito sharpens the appetite

La famiglia Villani viveva alla periferia di Verona, in un appartamento moderno che consisteva in un soggiorno° grande e spazioso, due stanze da letto, una cucina capace con pavimento in piastrelle di ceramica, un grande stanzino-lavanderia° e un grande balcone. Gli appartamenti sul davanti° del palazzo avevano invece tre stanze da letto e un soggiorno con un gran balcone; il loro affitto era naturalmente più alto.

soggiorno living-dining room

stanzino-lavanderia laundry room
sul davanti front side

La signora Villani, dopo aver comperato frutta e verdura, si diresse al° panificio e alla salumeria in Corso Borsari. Le ultime bancarelle del mercato vendevano magliette, vestiti, camicie e altri capi di vestiario°. Alcune vendevano cuscini di gomma-piuma° e materassi per letti, lettini e culle. Un venditore regalò a Paolo una caramella. Nel suo passeggino il bimbo si divertì molto quando passò vicino ad una fontana dove alcuni piccioni svolazzavano o tubavano al sole. Sulla fontana c'era la statua di una madonna chiamata "Madonna di Verona" e davanti ad essa dei turisti tedeschi si facevano delle fotografie. Più in là, madre e figlio passarono vicino al grande ombrellone di una bancarella° che vendeva degli uccellini in gabbia, dei cuccioli° tenuti in alcuni cestini e dei pesciolini tropicali in una serie di acquari. Attraversata tutta la piazza la signora Villani si fermò al semaforo che era rosso e aspettò il verde prima di attraversare la strada. Si diresse quindi verso Corso Borsari. Aveva ancora molte compere da fare e doveva affrettarsi prima che i negozi chiudessero alle dodici e mezzo.

si diresse al went toward

vestiario clothing
gomma-piuma foam rubber

bancarella selling stand
cuccioli puppies

Spesso, la signora Villani fa una passeggiata lungo la Via Mazzini quando ha più tempo e calma, e si può fermare ad ammirare le vetrine dei negozi dopo aver lasciato Paolo dalla nonna. Ci sono in questa via negozi di diverso genere: c'è il negozio Righini che vende delle bellissime borse di pelle. Ce n'è una in vetrina in marrone chiaro° con una fibbia dorata al prezzo di 74.000 lire; una più grande, di forma quadrata, in pelle lucida° grigia con

marrone chiaro tan
pelle lucida patent leather

Il mercato offre anche una varietà di indumenti a un prezzo molto conveniente.

manico a tracolla shoulder
   strap
si adatterebbe molto bene ad
   it would go very well with
certo gusto certain flair
insieme sportivo casual outfit

catena nazionale national
   chain

lenzuola linen
articoli di cartoleria
   stationery items

confezionato prepared

lungo manico a tracolla,° è molto moderna e si adatterebbe molto bene ad° un insieme sportivo° ed elegante. Il prezzo è di 71.500 lire. Le altre borse sono in stile più tradizionale ed hanno quel certo gusto° italiano. Ma nessuna ha un prezzo inferiore alle 70.000 lire.

Lungo la Via Mazzini ci sono molti negozi di abbigliamento per uomo e donna: alcuni eleganti, dove si possono trovare articoli pregiati e costosi, altri meno cari. Ed è in questi ultimi che la maggior parte dei Veronesi preferisce fare gli acquisti.

C'è il negozio di Luisa Spagnoli che fa parte di una catena nazionale° che vende capi di vestiario femminile a prezzi medi. Nella vicina Piazza delle Erbe, c'è l'Upim di Verona. I grandi magazzini italiani della Upim sono simili a quelli statunitensi della Sears, Roebuck & Co. e J.C. Penney.

In questi negozi i prezzi sono più bassi. Una gonna di cotone qui costa circa 9.500 lire e un golf di lana ben fatto circa 11.000. Scarpe da uomo e da donna costano dalle 20.000 alle 45.000 lire mentre in negozi più esclusivi vanno dalle 60.000 alle 90.000 lire.

Nei grandi magazzini Upim si possono comprare, oltre a vestiario per l'intera famiglia, anche utensili da cucina, lenzuola,° articoli da regalo, equipaggiamenti sportivi, articoli di cartoleria,° di profumeria ed altro. Come in altre città, l'Upim di Verona fa sempre buoni affari.

In Via Mazzini ci sono anche negozi di altro genere, come ad esempio la farmacia Due Campane che vende medicine, articoli di pronto soccorso, cibi conservati per il nutrimento del bambino, eccetera.

Nell'isolato vicino, c'è il negozio della Perugina che vende caramelle e il famoso cioccolato italiano che si produce a Perugia in Umbria. Il gustoso e fine cioccolato Perugina si vende in tutta Italia: esso viene confezionato° in vari modi, dai semplici cioccolatini al latte ai sofisticati ''Baci Perugina.''

A pochi passi dal negozio Perugina, al numero 74, c'è il negozio Richard-Ginori: la fine porcellana, i cristalli, l'argenteria e gli altri articoli che vi si trovano, sono il sogno di ogni padrona di casa. Quasi di fronte, c'è la profumeria Zago con i suoi profumi, creme, ciprie, rossetti, non solo italiani, ma anche francesi, inglesi e americani. I prodotti di Elizabeth Arden e Germaine Monteil, sono apprezzati dalle donne di Verona come lo sono dalle donne di Parigi, di New York e di qualsiasi altro luogo. La commessa della profumeria è incredibilmente simile ad una di quelle sofisticate modelle che reclamizzano i cosmetici. Al di là del banco di vendita, si

*In Via Mazzini a Verona, come in tante altre città italiane e
europee, tra i tanti negozi si trovano anche negozi di antiquariato*

muove con eleganza nel mostrare alle sue clienti i vari prodotti nelle loro confezioni argentate, dorate o in attraenti colori.

Sempre in Via Mazzini, c'è la libreria Chelfi & Barbato. In vetrina ci sono le edizioni italiane di *Raise the Titanic*, scritto da Clive Cussler e *The Rainbow*, scritto da Pearl Buck. C'è pure un bel volume illustrato intitolato *Arena di Verona: Venti Secoli di storia* e una guida annuale° intitolata *Verona 1977*. Gli scaffali del negozio sono ben forniti di libri di politica, filosofia, teologia, poesia, saggi,° novelle, arte, fotografia, eccetera.

Più in là° c'è un altro negozio che attrae i passanti: è una gelateria. In vetrina c'è una lunga lista delle specialità della casa e un'insegna che dice: "Produzione propria."° Infatti, il gelato viene fatto nel negozio stesso; perciò è sempre fresco e genuino. L'espressione soddisfatta dei clienti che escono dalla gelateria ne è una prova.°

In via Mazzini, ci sono negozi dove si comprano sia cose di prima necessità, sia articoli più eleganti e capricciosi. Questa strada riflette i due aspetti della vita italiana: quello pratico, quasi frugale e quello frivolo e lussuoso.

guida annuale annual directory

saggi essays

più in là further on

produzione propria homemade

una prova a proof

Questi magici colori, profumi e sogni danno più enfas alla bellezza naturale

Il mercato di Alba.

Oggetti di antiquariato al mercato di Firenze.

Domande

1. Credi che ci siano dei vantaggi nel fare la spesa in vari negozi invece che in un supermercato?
2. Fai la spesa come la signora Villani? Preferisci i cibi freschi, i surgelati, oppure quelli in scatola?
3. Cosa pensi dei prezzi menzionati in questo capitolo? Sembrano paragonabili ai prezzi dei prodotti americani?
4. Passa un paio di ore in un grande negozio. Trovi degli articoli importati dall'Italia? Scrivi i nomi delle marche.
5. Perchè per molte persone la moda è importante?
6. Noti nessuna differenza tra la moda italiana e quella americana? Osserva le réclames degli articoli italiani in qualche giornale o in qualche negozio. Ti sembrano diversi dagli altri oppure no?
7. Prendi una ricetta da un libro di cucina italiana e scrivi il nome del tipo di negozio dove andresti a comprare ciascuno degli ingredienti.

Lavori artigianali in pelle esposti al mercato di Firenze.

Chi lascia la strada
vecchia per quella
nuova, sa quel che
lascia, ma non quel
che trova.

Questa Alfa Romeo è stata preceduta da molti altri modelli di famose
macchine da corsa a cominciare dalla Alfa Torpedo 24 HP del 1910. Il nome Alfa è
derivato dalle iniziali della Anonima Lombarda Fabbrica Automobili.

6

andiamo!

*Il traffico di Milano è congestionato come lo è quello di
tutte le altre grandi città del mondo.*

Al centro della piazza, nel mezzo di uno spiazzo verde, una statua, rappresentante un generale a cavallo nell'atto di lanciarsi alla conquista del
nemico, spicca dall'alto di un piedestallo. La spada è protesa verso l'alto;
il suo sguardo, duro e fiero, è rivolto al cielo.° Le zampe anteriori
dell'animale sono sollevate e gli occhi terrorizzati puntano in basso.°

Intorno alla statua la circolazione è a senso unico.° Il traffico confluisce da
sei arterie principali e da alcune secondarie.

Una Fiat 127 blu entra nella scia del traffico da una strada secondaria e cerca
poi di immettersi nella corsia° sulla sua sinistra. Una Mercedes 280 sedan
non si lascia superare e la Fiat è costretta a rallentare. A conseguenza di
ciò una Lancia Fulvia coupè che la segue, suona il clakson. Il guidatore
della Fiat alza un braccio in segno di protesta. Ora, la Mercedes è andata
avanti e la Renault che la seguiva ha permesso alla Fiat di cambiare corsia.

La Fiat si sposta verso la corsia di sinistra e cerca ora di prendere il posto di
una BMW grigia coupé che cerca di spostarsi sulla destra. La Renault,
intanto, si è spostata sulla destra e lo spazio libero è stato occupato da
una Citroen che cerca anch'essa di spostarsi sulla sinistra costringendo la
BMW ad andare più forte. Questo è il modo di guidare degli Italiani.

rivolto al cielo toward the sky

puntano in basso looking down

senso unico one way

corsia lane

A prima vista questo sistema di guida sembra caotico. Si direbbe che il cavallo del generale non veda sotto di lui che una pericolosa giostra. Eppure, in Italia si registrano meno incidenti stradali che in altri paesi del mondo perchè il modo di guidare è stato adattato alle necessità del posto, al tipo di macchine in circolazione e al carattere della gente.

"Quando si guida nel traffico intenso, ci vuole fantasia," dice Albano Malaguti di Bologna. Il suo sorriso appena abbozzato dà più enfasi a queste parole. Il traffico in Italia funziona perchè ogni italiano ha della fantasia; gli incidenti stradali, spesso, sono causati dagli stranieri che non conoscono il modo di guidare degli Italiani.

In macchina, ogni italiano medio si sente° nelle vesti di un crociato° in terra santa. Protetto dalla corazza e sentendosi equipaggiato per una battaglia contro un mondo ostile, egli lancia, a tutta velocità, il suo cavallo alla battaglia. Alla stessa maniera guidano le donne italiane. Ogni volta che c'è via libera, l'acceleratore viene premuto quasi del tutto.

si sente feels
crociato crusador

> *Mentre entriamo nel ristorante Stella D'Oro, ad Alba, che si trova nella parte più ad ovest dell'Italia settentrionale, incontriamo un nostro conoscente, un uomo di affari di Alba. Lo invitiamo a colazione, ma lui non può accettare. Ci dice: "Accetterei molto volentieri ma devo andare a casa a preparare la valigia perchè alle tre parto per Trieste con il sindaco. Dovremo trovarci lì alle otto per una riunione con altri membri della nostra compagnia di costruzioni".*
> *Noi spalanchiamo° gli occhi meravigliati e gli chiediamo: "A Trieste! . . . Alle otto! . . . E come?"*
> *Il nostro amico sorride e dice: "Con l'Alfetta, zuuuuuum!"*

Noi spalanchiamo we open wide

Per fare 350 miglia in sole cinque ore bisogna che uno guidi ad alta velocità. Non c'è limite di velocità sull'autostrada che va da Torino, ad ovest dell'Italia settentrionale, a Trieste, che confina ad est con la Jugoslavia.

In genere, se un italiano non guida ad alta velocità non si sente se stesso. Anche i grandi autocarri e camion corrono e sorpassano ogni volta che possono gli altri mezzi di trasporto. Solo sulle strade di montagna e collina la velocità viene ridotta.

Senza dubbio, ogni italiano ama la sua auto e il senso di velocità e di libertà che essa procura. Per molti italiani l'auto è ancora una novità;

ha solo poco più di vent'anni. Nel 1938 vi era una auto per ogni 115 persone. Nel 1971 ve ne era una per ogni 6. Al giorno d'oggi quest'ultimo numero è senz'altro più basso.

Prima del 1960, la maggioranza degli Italiani non possedeva un'automobile. Durante la seconda guerra mondiale fu inventato in Italia il ''moto-scooter'' che fu molto utile fino al periodo di intensa prosperità economica italiana degli anni sessanta. Fu in quegli anni infatti che l'automobile prese il posto del maggior numero di scooters. Quelli che si vedono ancora in circolazione appartengono per lo più ad operai, studenti, donne di casa, suore e altre categorie di persone. Essi vengono spesso comprati d'occasione° perchè hanno una lunga durata.°

d'occasione used

hanno una lunga durata they last a long time

Anche la bicicletta, d'altra parte,° è ancora molto in uso in Italia per essere economica e pratica, e gli Italiani la guidano con fantasia.

d'altra parte on the other hand

In effetti, gli Italiani usano la fantasia anche camminando, attraversando una strada o una piazza. Ma la loro fantasia più grande è l'automobile. Ciò può spiegare la preminenza italiana nel mondo automobilistico— preminenza nella velocità e nello stile delle automobili.

Sin dal loro primo apparire, le automobili italiane da corsa° sono state le migliori del mondo. Alfa Romeo, Maserati, Bugatti, Ferrari, nomi che fanno inumidire gli occhi° degli sportivi italiani. Alcuni di essi conservano ancora gelosamente in qualche cassetto fotografie di famosi corridori che parteciparono alle prime corse. Uomini in cappotti lunghi e occhiali da corsa° fotografati al fianco delle loro macchine vincitrici.

da corsa racing

fanno inumidire gli occhi bring tears to the eyes

occhiali da corsa goggles

Il Grand Prix fu inventato in Italia. In tutto il paese uomini e ragazzi si allineavano lungo le strade per ammirare i corridori e le macchine da corsa le cui ruote stridevano alle curve e procedevano a fatica sulle strade di montagna. Molti di quei ragazzi crebbero con l'idea fissa di diventare corridori automobilistici.

Siamo nel ristorante La Fabbreria, a Cadriano, alla periferia di Bologna. La cena è stata veramente buona. Mentre aspettiamo il caffè espresso, il discorso cade sulle° corse automobilistiche. Il nostro conoscente Albano Malaguti ci racconta: ''Mio padre fu corridore automobilistico fino al 1955. All'inizio aveva cercato d'imparare il mestiere del padre che faceva il fabbro ma non gli era piaciuto; aveva poi tentato di fare il rappresentante di cappelli da uomo, finchè una volta comprò una vecchia Maserati a prezzo molto

il discorso cade sulle the subject comes up

Qualcuno deve aver preso in prestito il motore di questa macchina o essa non sarebbe in questo cortile ad impolverarsi.

111

basso. *Dopo averla fatta funzionare, egli partecipò a delle piccole corse locali, ne vinse qualcuna e iniziò a partecipare a gare più importanti. A quei tempi si facevano gare in tutta Europa.*

Subito dopo, mio padre comprò una piccola Fiat per trasportare la Maserati che non era adatta ad essere guidata sulle autostrade. Ad ogni modo, sulle Alpi la Maserati trasportava la Fiat poichè questa in salita arrancava.

Mio padre partecipò alle gare in Svezia, Polonia, Svizzera, Francia e in quasi tutti gli altri paesi europei.

parti di ricambio spare parts

candele spark plugs

I corridori venivano invitati a partecipare alle gare, ma il loro guadagno non era mai garantito. Essi avevano solo la garanzia di ricevere gratis alcune parti di ricambio° come ruote, candele,° lubrificanti e simili. La maggior parte dei corridori riceveva così molte parti di ricambio e poco denaro. Ma il mondo automobilistico era per loro tanto attraente che° il guadagno aveva un'importanza relativa.

tanto attraente che so attractive that

l'interno the interior

Spesso io accompagnavo mio padre e il suo meccanico sul luogo delle gare. Si dormiva in macchina. L'interno° della Maserati era però stretto e ci si dormiva molto male.

Oggi le corse automobilistiche sono rare. Fino a pochi anni fa se ne facevano spesso e la più famosa era la Mille Miglia. Il percorso a otto passava per Brescia, Verona, Firenze e altre città prima di arrivare a Roma e di ritornare indietro. Il punto d'incrocio° era sempre Bologna. Il Passo Del Futa, al sud di questa città, era sempre incluso.

punto d'incrocio crossing point

Mio padre partecipò alla Mille Miglia una dozzina di volte. Una volta arrivò quarto con un'Alfa Romeo che fu una delle sue macchine migliori.

riflessi pronti good reflexes

Da giovane provai anch'io a fare delle gare. Mio padre però disse subito che non avevo i riflessi pronti° e che per me guidare una macchina da corsa sarebbe stato molto pericoloso. Forse salvò la mia vita: i miei riflessi non erano pronti come i suoi.

Oltre alla velocità, le automobili italiane avevano stile ed eleganza. L'Italia ha avuto una lunga esperienza artigiana° nella produzione di car-

esperienza artigiana craftsman's skills

Tra i palazzi del centro di Alba non c'è posto per le insegne stradali.

VIA

ELVIO PERTINACE

SENSO UNICO ▶

FIERA
ZIG

rozze, specialmente di belle carrozze reali che venivano tirate da coppie di cavalli. Nel ventesimo secolo questo artigianato passò alla produzione di carrozzeria per auto.°

Oltre alle automobili da corsa, venivano fabbricate in Italia le costosissime fuori serie.° Queste richiedevano il lavoro dei migliori artigiani per dare forma al metallo e per rifinire la carrozzeria in maniera perfetta. Le fuori serie erano bellissime e venivano costruite solo per i nobili o per i ricchi perchè solo loro potevano acquistarle.

Oggi, le poche fuori serie in circolazione non attraggono più l'attenzione di tutti come una volta. Esse si confondono nel gran numero di auto nelle strade e nei parcheggi. Il loro stile è stato adattato, in parte, a quello delle auto fabbricate in serie, ma tuttavia sono sempre le più belle del mondo.

Dopo la seconda guerra mondiale, l'industria italiana delle auto crebbe molto ed ebbe famosi disegnatori e progettisti. Giovan Battista Pininfarina fu il primo disegnatore che contribuì grandemente allo stile delle carrozzerie di auto italiane. Egli disegnò la carrozzeria della Ferrari, dell'Alfa Romeo, della Lancia e, più tardi anche quella di macchine più comuni come le Fiat.

La tradizione non si è ancora estinta. Le Alfette, le Lancia, le Fiat, hanno tutte una forma elegante che stimola la fantasia di chi le vede correre lungo le autostrade a 200 chilometri all'ora.

L'amore degli Italiani per l'automobile non sembra diminuito con il costo sempre crescente.° Già per imparare a guidare si spende del denaro perchè nelle scuole pubbliche non vengono impartite lezioni di guida come negli Stati Uniti d'America. Le scuole guida, in Italia, sono private e il corso costa circa centomila lire.

Il costo di un'automobile, per l'italiano medio, è molto alto. L'auto più popolare, per il prezzo economico è la Fiat 127. La si può paragonare alle piccole Chevrolet e Ford degli Stati Uniti d'America. Una Fiat 127 nuova ha un prezzo base di listino° di 3.127.000 lire per un motore da 900 centimetri cubici e di 3.540.000 lire per uno da 1050 centimetri cubici. In questo momento, il cambio è di 880 lire per un dollaro americano. I prezzi delle due Fiat 127 in dollari sono rispettivamente di $3,471.00 e di $3,929.00. Questi prezzi non includono le 183.000 lire di trasporto e le tasse, nè includono la radio o altri extra. Oltre a ciò i prezzi sono fissi. Non ci sono rappresentanti a fare prezzi speciali. La rappresentanza e i centri di servizio sono tenuti e organizzati dalla Fiat ad eccezione di qualche concessionario° di piccole città fuori mano.°

carrozzeria per auto auto body

fuori serie custom automobiles

sempre crescente always growing

prezzo base di listino basic list price

concessionario dealership
fuori mano out of the way

Entrata a Volterra. Uno studente entra con il suo ciclomotor in un palazzo del quindicesimo secolo dove c'è la sua scuola

Per un breve momento non vediamo automobili davanti all'ufficio postale di Castelfranco in provincia di Treviso.

La Fiat apportò molti cambiamenti nel disegno della vecchia 127 e lanciò poi la nuova Fiat 127 attraverso speciali réclames. Una réclame tipica occupava due pagine di una rivista cd aveva grandi fotografie dell'auto. Vi si leggeva: "Questa à la nuova Fiat 127: 44 volte nuova." La réclame elencava anche i miglioramenti apportati al nuovo modello: "La 127 consumava già poco. La nuova 127 consuma dal 7 al 10% in meno." Era così che i due modelli venivano paragonati dettagliatamente.

Altre automobili italiane sono, ad esempio, la Fiat 128 3P con sportello posteriore°, che costa 4.000.000 di lire; la Fiat 131 a quattro porte, in vendita a 4.900.000 lire; la Fiat x1/9 Special Spider, in vendita a 5.334.000 lire; vi sono altri quindici modelli, sempre della Fiat. L'Alfa Romeo produce quattordici modelli che vanno dalle 4.200.000 lire alle 5.779.000 lire. Quattordici modelli sono prodotti anche dalla Lancia e questi vanno dalle 6.242.00 lire alle 16.200.000 lire. Ci sono poi le Ferrari, le Lamborghini, le Maserati e le Pantera de Tomaso che costano dalle 16.000.000 alle 38.000.000.

con sportello posteriore
hatchback

Molte sono le automobili straniere vendute in Italia. Vi si vendono le Citroen, le Peugeot, le Simca e, specialmente, le Renault. La Germania esporta le Audi, le BMW, le Ford, le Mercedes, le Opel, le Porsche e le Volkswagen.

Non è facile per gli altri paesi vendere le loro auto in Italia perchè la Fiat riesce a tenere i prezzi delle sue ad un livello basso.° La Ford offre il suo modello Fiesta a 2.778.900 lire e le industrie Citroen, Renault e Simca non offrono modelli per meno di tre milioni di lire. L'Opel ha un tipo di Kadett ad un prezzo simile a quest'ultimo.°

livello basso low level

simile a quest'ultimo similar
to the latter
più raffinato more
refined

Per l'Italiano più raffinato° che vuole qualcosa di diverso, ci sono le Rolls Royce, le Jaguar, le Triumph, le Saab, le Volvo. Alla mostra internazionale del motore, tenuta ogni anno a Torino, si possono ammirare tutte le auto qui nominate e molte altre ancora.

Un altro elemento che potrebbe scoraggiare a guidare una macchina, è in Italia il costo della benzina. È di 500 lire al litro. Questo è un prezzo fisso, stabilito dal governo, e nessun distributore di benzina può alzarlo o abbassarlo. Il petrolio in Italia è molto scarso e deve essere importato dai paesi del medio oriente ed è perciò molto costoso.

Cinquecento lire al litro corrispondono a circa $2.25 al gallone. Per cui un gallone di benzina costa in Italia due volte quanto costa, in media, negli Stati Uniti d'America. Ma nonostante il costo elevato, gli Italiani l'auto la usano spesso e volentieri: la domenica sono sempre pronti ad andare con l'intera famiglia alle spiagge per passarvi un'intera giornata, oppure ai parchi per

archeggio in una qualsiasi città italiana.

a godersi to enjoy

una passeggiata e per far giocare i bambini. Molti vanno a fare un picnic o soltanto un giro in montagna a godersi° un panorama. Molti altri vanno a fare dei buoni pranzi nelle trattorie di campagna. Sembra che a nessun italiano piaccia avere la sua macchina in garage o parcheggiata davanti a casa.

Domande

1. Guideresti un'automobile in Italia o no? Perchè?
2. L'automobile è un mezzo di trasporto romantico negli Stati Uniti? Esprimiti in merito.
3. Quali sono le più importanti considerazioni nell'acquistare un'automobile, secondo te?
4. Quale è la differenza competitiva fra il Grand Prix e le altre corse automobilistiche?
5. Sei dell'opinione che la scuola guida dovrebbe essere parte dell'insegnamento scolastico e che dobrebbe essere pagata con i fondi delle tasse? Perchè?
6. Vi è negli Stati Uniti il controllo sul prezzo della benzina?
7. Pagheresti due dollari e venticinque centesimi per un gallone di benzina pur di guidare la macchina? Altrimenti, cosa faresti?
8. Descrivi la tua automobile ideale.

È facile evitare il traffico con il ciclomotore

Mangia come piace a te,
vesti come piace agli altri.

buon appetito!

Tortelli d'erbetta nella Trattoria Senese a Cecina,
cittadina lungo il mare nella provincia di Livorno.

"Buon appetito!" Con queste parole e un gesto d'invito rivolto al gruppo, Claudio Bacilieri prese un'oliva dal vassoio dell'antipasto. Il vassoio, per la disposizione, i colori e la varietà del cibo che conteneva, ricordava i dipinti del Rinascimento.

Sottilissime fettine di prosciutto rosso vivo contrastavano col verde della lattuga. Tra la lattuga, c'erano grandi olive verdi, piccole olive nere e funghi freschi e profumati.

La Trattoria Serghei, in Via Piella a Bologna, risuonava di voci animate. Era l'ora del pranzo, i tavoli erano coperti da una piccola tovaglia bianca posata su una più grande a disegni colorati. Una tendina di plastica colorata a strisce alla porta **tenuta aperta**° impediva l'entrata delle mosche nel locale.

La Trattoria Serghei prepara degli ottimi cibi; i dodici tavoli erano, **come al solito,**° presi. Ad un tavolo d'angolo delle coppie iniziavano allegramente il loro pranzo: una bottiglia di Lambrusco colmava i bicchieri col colore brillante del suo vino leggermente **frizzante.**° È un vino che si produce in Emilia-Romagna, vicino a Modena. L'immancabile bottiglia d'acqua minerale era già al centro del tavolo.

La vitalità e l'espansività degli Italiani **si accentuano visibilmente**° all'ora del pranzo. La loro personalità diventa esuberante; quando due o più italiani siedono insieme a pranzo gustano sia il cibo che la compagnia.

Il proprietario dei ristoranti è spesso presente, in genere i **clienti più assidui**° lo consultano prima di ordinare il pasto. Quelli più amichevoli, scambiano con lui anche qualche opinione sugli ultimi avvenimenti e chiedono notizie della famiglia.

Di solito il **primo piatto**° viene scelto tra cinque o sei tipi di pasta come: spaghetti, tagliatelle, tortellini, lasagna e ravioli. In Lombardia e in Piemonte soprattutto c'è anche la scelta di un primo piatto di riso preparato in modi vari. Dopo aver scelto il tipo di pasta si decide la salsa che si preferisce. Sarà la più tradizionale con molto pomodoro o quella alla bolognese con carne e poco pomodoro? Forse oggi sarà quella alle vongole o quella **alla carbonara**° con pezzetti di pancetta, uova e salsiccia.

Molto probabilmente il cuoco ha preparato una specialità del giorno. Forse i tortelli d'erbetta, un tipo di ravioli ripieni di spinaci e formaggio, e serviti con burro e parmigiano. Anche i maccheroni alla rusticana, fatti con pasta al forno e salsa di funghi e pomodoro, potrebbero essere la specialità del giorno. Essi vengono portati in tavola coperti e il loro profumo aromatico si sprigiona davanti al cliente. Il profumo, l'aspetto e il gusto di questo piatto sono una vera delizia.

tenuta aperta kept open

come al solito as usual

frizzante sparkling

si accentuano visibilmente are visibly marked

i clienti più assidui regular patrons

primo piatto first course

alla carbonara made with bacon and eggs

Pane e grissini sono sempre pronti.

Oggi la specialità del giorno potrebbe essere le lasagne alla bolognese, preparate con strati di pasta condita con salsa di pomodoro e carne tritata, formaggio, tartufi e aromi vari. Il tutto cucinato al forno.

Qualunque sia la specialità del giorno, il proprietario la descrive nei minimi particolari ai clienti che la ordinano informandoli circa il tipo di pomodoro usato, circa il tipo e la grandezza dei funghi e di come era, ad esempio, il vitello che la macelleria offriva quella mattina.

In questo preambolo verbale° al pasto, anche i vini vengono considerati con attenzione. Il vino locale viene di solito consigliato dal proprietario del ristorante o trattoria. L'acqua minerale imbottigliata viene ordinata da quasi tutti gli Italiani; può essere più o meno gassata e si beve, sia perchè aiuta la digestione, sia per rinfrescare e pulire il palato e prepararlo a gustare meglio la seguente portata.°

preambolo verbale verbal introduction

seguente portata next course

La qualità del vino locale varia da un posto all'altro. L'Italia produce più vino di qualsiasi altro paese del mondo. I vini imbottigliati e invecchiati sono venduti sia in Italia che in tanti altri paesi del mondo dove vengono esportati. Ve ne sono più di 200 tipi, il loro nome è protetto dal governo ed essi sono ritenuti delle specialità uniche.

I vigneti italiani coprono una grande area del paese dai confini alpini, lungo la Svizzera, l'Austria e la Jugoslavia, fino alla Sicilia inclusa. I vini imbottigliati costano naturalmente molto di più, circa tre volte quelli locali serviti nei ristoranti in caraffe da un litro, mezzo litro o quarto di litro. Questi ultimi sono di solito meno conosciuti anche se molto buoni. I prezzi dei vini locali italiani sono più bassi di quelli dei vini locali americani.

Dopo aver ordinato i vini e il primo piatto, i clienti di trattorie e ristoranti conversano mangiando un antipasto o qualche grissino. La prima portata è in genere pronta in quindici minuti circa. Sul menù non vi sono molte varietà di pesce ma ve ne sono di carne. Queste ultime° sono: cotolette alla milanese, (fettine di vitello passate prima nell'uovo° battuto, e poi nel pane grattugiato° e fritte in padella con olio); braciole di vitello, vitello arrosto e altre carni come manzo e pollo. Il vitello è in genere preferito dalla maggior parte degli Italiani. Come in quasi tutti i paesi del mondo anche qui è preferita la carne arrosto.

queste ultime the latter

passate prima nell'uovo dipped first in egg

pane grattugiato bread crumbs

Una specialità dell'Umbria è la porchetta, maialino da latte° allo spiedo.° Meno frequentemente i menù comprendono carne di agnello. Nel Lazio, la regione di Roma, si usa molto l'abbacchio, una specialità di agnello arrosto. A volte i ristoranti offrono il fegato alla veneziana, fritto con olio, cipolla e prezzemolo.°

porchetta, maialino da latte suckling pig

allo spiedo on the spit

prezzemolo parsley

Anche per la scelta del secondo piatto il cliente si consulta col proprietario. Le verdure generalmente ordinate vanno dai fagiolini freschi, al burro, serviti caldi o, se freddi, conditi con olio e limone; ai piselli al burro, patatine fritte, spinaci, zucchine, peperoni, eccetera. Sempre pronta è naturalmente l'insalata mista, lattuga mescolata con qualche foglia di spinaci freschi, fettine di pomodoro, pezzetti di carote, di ravanelli e altre gustose verdure. Con l'insalata viene portata a tavola anche l'oliera° affinchè il condimento dell'insalata si accordi ai gusti di chi l'ha ordinata.

l'oliera oil and vinegar cruets

Gli Italiani usano completare il pasto con qualche pezzetto di formaggio e della frutta. I formaggi preferiti sono il Bel Paese, il taleggio, formaggi teneri e poco piccanti; il pecorino, formaggio piccante fatto con latte di pecora; il gorgonzola, di tipo dolce e cremoso o di tipo granuloso e piccante; il parmigiano che è chiamato anche grana o reggiano.

Come in tutti gli altri paesi del mondo, il tipo di frutta a disposizione° dipende dalla stagione dell'anno. In primavera le fragole sono molto gustose e sempre fresche. Le ciliege, le pesche, le prugne e altri tipi di frutta si trovano nei mesi seguenti. In autunno si trovano l'uva, le mele e le arance.

a disposizione available

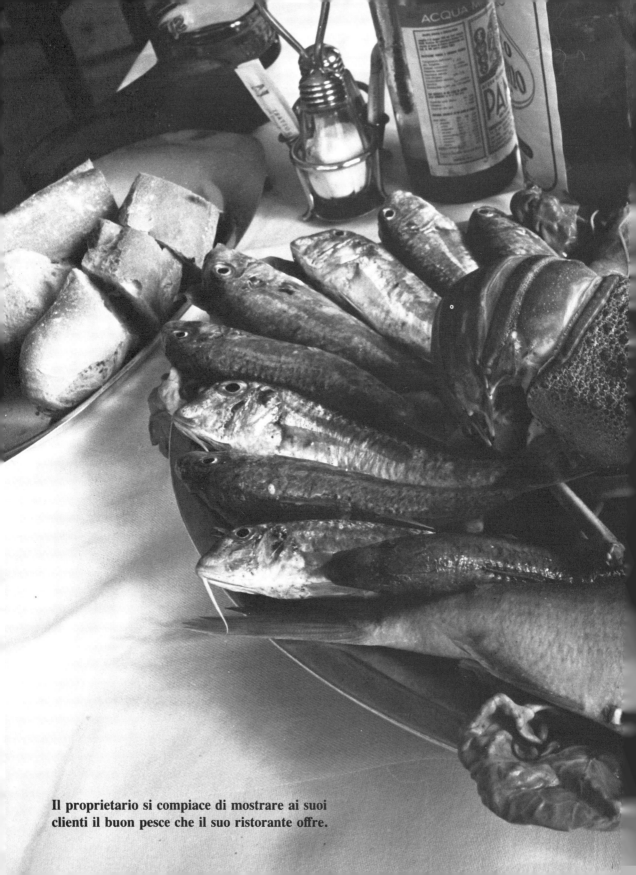

**Il proprietario si compiace di mostrare ai suoi
clienti il buon pesce che il suo ristorante offre.**

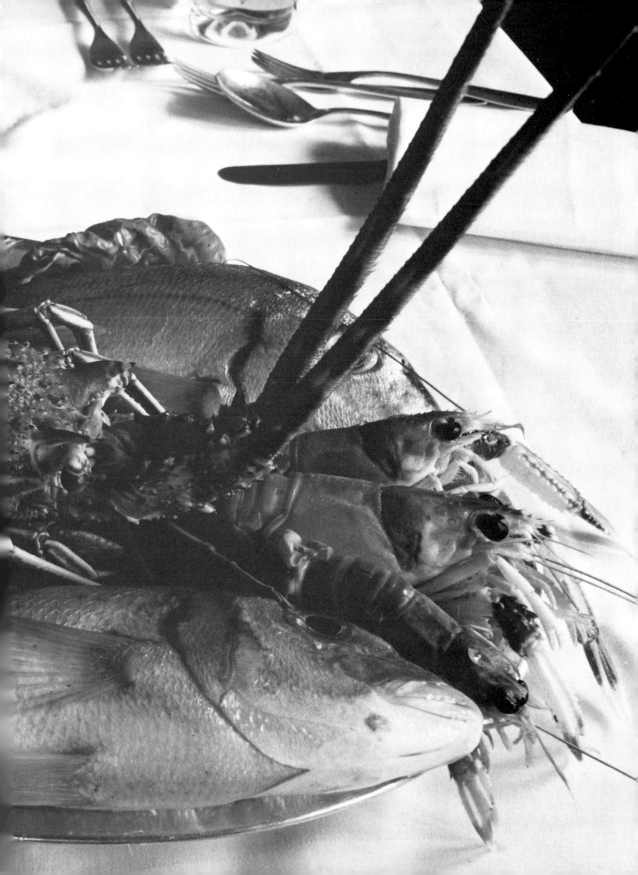

macedonia di frutta fruit
  cocktail

Uno dei dessert preferiti dagli Italiani è la macedonia di frutta° fresca. Il melone, che viene servito spesso con il prosciutto per antipasto, è gustato anche alla fine del pranzo.

Il dolce è richiesto poco come dessert. Infatti, mentre i ristoranti ne sono sempre forniti, le trattorie ne offrono solo qualche varietà o non lo hanno affatto. Le pasticcerie e le gelaterie hanno invece una grande selezione di dolci e gelati sempre freschi e veramente gustosi.

A differenza dei ristoranti, molte trattorie non offrono caffè. Le più grandi hanno un caffè o bar in un locale adiacente ed è lì che tanti vanno a prendere un espresso dopo il pranzo. Gli Italiani non bevono mai caffè durante il pasto. Spesso essi prendono un brandy o un liquore come digestivo.

grappa ghiacciata chilled
  brandy

carrello serving cart

In una cittadina lungo la costa toscana, al sud di Livorno, il digestivo preferito è un bicchierino di grappa ghiacciata.° In un villaggio vicino a Roma, il cameriere di un ristorante spinge tra un tavolo e l'altro un carrello° con una ventina di diversi tipi di cordiali e liquori da ordinare come digestivi. I clienti sorseggiano con calma conversando prima di lasciare la tavola da pranzo.

> *Andrea, l'amico di Claudio che ora siede con lui ad un tavolo della Trattoria Serghei, è un ingegnere olandese. Lavora a Bologna da tre anni. Mentre aspetta il suo pranzo racconta: "Appena arrivato in Italia, non accettavo un conto del ristorante in cui non fossero specificate le singole portate. Diventavo sospettoso e me lo facevo rifare col risultato che, spesso, finivo col pagare di più; il cameriere, a volte, si dimenticava di mettere in conto qualche ordinazione come vino, frutta o dolce e il conto, da me richiesto, veniva ad essere superiore al precedente. D'allora in poi evito di chiedere una verifica."*

Oltre ai ristoranti e alle trattorie vi sono in Italia altri posti dove si mangia bene: pizzerie, tavole calde, pasticcerie, caffè e bar. Le rosticcerie sono quei negozi dove si vendono cibi cucinati, carne, pesce, verdure, e insalate crude da portare via.

Lo sappiamo tutti cos'è una pizzeria. La pizza, napoletana di origine, è conosciuta in tutta Italia, in Germania, Francia, Spagna e altri paesi europei dove è popolare come lo è nell'America del Nord.

ovunque everywhere

La pizza in Italia è generalmente preparata molto bene, non solo a Napoli ma ovunque.° Pizza e coca cola sono il pasto preferito di molti giovani

Italiani. Ma anche i meno giovani si ritrovano volentieri in una pizzeria a mangiucchiare,° conversare e a ridere spensieratamente.

In una tavola calda si va per mangiare qualche cosa alla svelta,° magari durante le ore di lavoro, oppure prima di andare al cinema la sera.

Nel centro di grandi città come Milano, Roma, Napoli e così via,° le tavole calde offrono una grande varietà di carni, pesce, verdure, insalate e dolci. In alcune vi sono circa cinquanta pietanze diverse, tutte ben preparate e gustose. È difficile resistere alla tentazione di provarne più di quante si dovrebbe.

Nei rioni e nelle cittadine, le tavole calde sono invece più limitate. Offrono prosciutto, arrosto freddo, salami, mortadella,° due o tre tipi di verdure e frutta, e qualche dolce.

Le bevande che vi si possono comperare sono le solite: vino, coca cola e altre bibite,° birra e caffè. In alcune tavole calde non vi sono tavoli e i cibi vengono consumati in piedi, al banco.° Altre sono simili alle trattorie.

Le stesse differenze che vi sono tra trattoria, pizzeria, tavola calda e rosticceria, vi sono anche tra pasticceria, gelateria, bar.

La pasticceria a volte è il negozio di una panetteria° che offre una grande varietà di torte, crostate, biscotti e paste dalle forme diverse che si comprano e si mangiano altrove. Altre volte la pasticceria è fornita di una macchina per caffè espresso, ha tavolinetti e sedie dove ci si può sedere per consumare qualche dolce fresco e gustoso con un caffè, un cappuccino,° un tè, una cioccolata o una bibita fresca. Se c'è il bar, le pasticcerie vendono anche liquori e vini. Nel pomeriggio e alla sera esse sono molto frequentate. Se sono vicine ad un panificio forniscono, in quel caso, anche pane e pasta di vario tipo.

L'Italia è famosa per i suoi gelati. Infatti questi sono speciali: a tutti gli Italiani piace il gelato. Ogni caffè ed ogni bar in Italia vende gelati in coni o coppe che si comprano e si mangiano, camminando. Ci sono i gelati fabbricati da grandi industrie dolciarie come Motta o Alemagna, già confezionati e tenuti nel congelatore con le torte-gelato di vario tipo; ma queste non sono le vere specialità del gelato italiano; i migliori gelati italiani sono quelli che si acquistano nelle gelaterie, dove vengono preparati sempre freschi, dalla consistenza cremosa° ed ai diversi sapori di vaniglia, cioccolato, nocciola, crema caffè, limone, banana, ananas, mirtillo, pesca, malaga e molti altri. Vi è sempre molta gente che entra nelle gelaterie e ne esce con un cremoso cono in mano.

D'estate l'anguria è venduta un po' dappertutto.

La rosticceria è un negozio dove i cibi sono più delicati e ricercati di quelli che si possono comperare nelle tavole calde. Questo negozio può essere considerato una via di mezzo tra la salumeria e la tavola calda in quanto offre gli stessi cibi della tavola calda ma questi non vengono consumati sul posto. I piatti disponibili sono naturalmente quelli preferiti dalla gente del luogo: in una città come Verona e al nord di essa non vi sono rosticcerie, mentre, a cominciare da Bologna in giù, e specialmente a Firenze e a Roma, sono numerose.

In Italia tutti vanno a "prendere qualcosa"° al caffè o al bar. A differenza degli altri negozi, questi sono aperti dal mattino presto alla mezzanotte ed

prendere qualcosa to get something

133

oltre senza interruzione. Molte persone vi si fermano per fare colazione prima di andare al lavoro. È la tipica colazione italiana: caffè e latte, chiamato cappuccino, e un piccolo dolce.°

Al caffè si possono ordinare degli ottimi panini. Prima di mezzogiorno i baristi° preparano e mettono sui banchi dei bar guantiere di panini freschi imbottiti° di salame, prosciutto, mortadella e formaggio. Alcuni clienti se li fanno riscaldare nel tostapane. In alcuni bar si offrono anche pizzette calde. Durante la pausa lavorativa° del mezzogiorno sono molti quelli che entrano nei bar per un panino e un caffè, oppure per un bicchiere di birra o di vino o per una bibita. È nei bar che in genere gli Italiani comprano qualcosa per una ricorrenza o una festa: una torta-gelato, una scatola di cioccolatini o di caramelle in confezione regalo,° o una bottiglia di spumante.

Principalmente, il caffè rappresenta il luogo di ritrovo° degli amici, il club sociale del vicinato e, a volte, il salotto di famiglia. È il telefono pubblico di tutto il vicinato. Alcuni di questi caffè hanno anche la sala da biliardo e i tavoli per il gioco delle carte. Senza i caffè la vita italiana sarebbe senz'altro molto diversa da quella che è.

piccolo dolce sweet roll

baristi bartenders
imbottiti filled

pausa lavorativa work break

confezione regalo gift wrapping
luogo di ritrovo hangout

Un tipico caffè o bar italiano; uno dei mille e mille in Italia.

Domande

1. Che cos'è *l'antipasto*? C'è un piatto simile nel menù americano?

2. Qual è la differenza tra i seguenti locali italiani: ristorante, trattoria, pizzeria, tavola calda, caffè?

3. Perchè la gente ordina diverse qualità di vino a seconda di quello che mangia?

4. Vi sono cibi che tu non vorresti mai mangiare? Quali sono?

5. Tu "vivi per mangiare o mangi per vivere"? Cosa pensano al riguardo gli Italiani?

6. In Italia, si serve l'insalata prima del piatto principale come si usa in America?

7. Ti piacciono i cibi italiani? Quali in particolare?

8. Quale diversità di abitudini noti tra l'uso americano e l'uso italiano di andare a mangiar fuori?

Cena domenicale. Dopo la pasta vengono serviti pollo arrosto e patate.

sempre lavoro

Le parole non fanno farina.

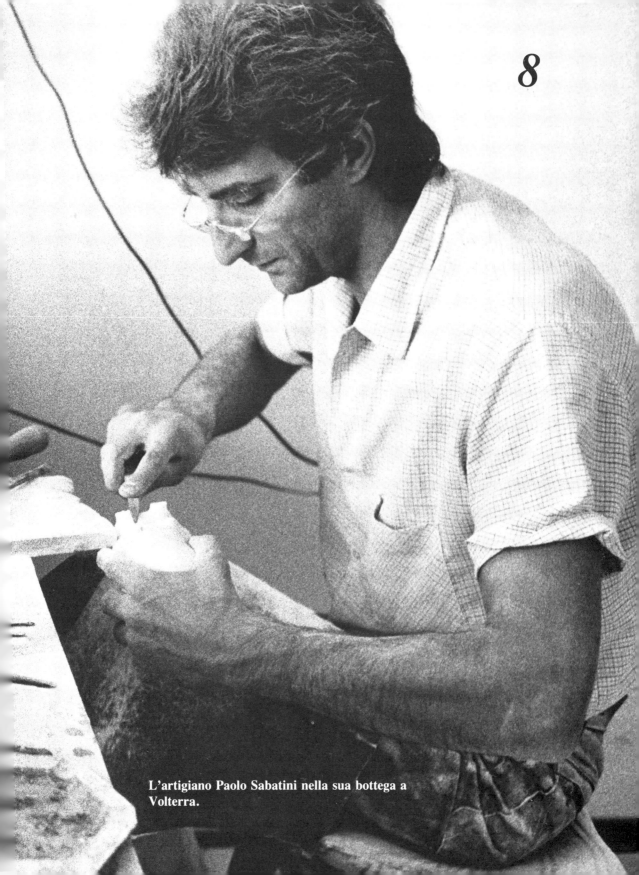

8

L'artigiano Paolo Sabatini nella sua bottega a Volterra.

più che raddoppiati more
than doubled

banco da lavoro workbench

serie di attrezzi array of tools

lime e seghe files and saws

punteruoli punches

raschietti e scalpelli scrapers
and chisels

Alternando all'uso di un raschietto curvo quello di uno scalpello largo un centimetro, Paolo Sabatini scolpisce un cane in un blocco di alabastro. Le sue mani usano i due attrezzi con sicurezza e sveltezza. Una polvere bianca e sottile viene prodotta dal continuo lavoro e ricopre ogni cosa. Il Sabatini ne è ricoperto dalla testa ai piedi e i suoi trentasei anni sembrano più che raddoppiati.° I suoi capelli castani sotto la polvere bianca appaiono grigi.

Su un lato del banco da lavoro° una numerosa serie di attrezzi° è ricoperta dalla polvere bianca. Sono due dozzine circa di lime e seghe° di diverse grandezze e forme. Sull'altro lato del banco vi sono punteruoli,° raschietti e scalpelli.°

Le mani del Sabatini si muovono svelte nella scelta di una lima: due o tre colpi sul blocco di alabastro e poi prende uno scalpello di una certa misura. Due colpi di scalpello e subito usa un raschietto curvo. Le zampe anteriori del cane prendono forma.

Il blocco di alabastro che il Sabatini scolpisce è stato ricavato a più di 130 metri di profondità in una cava vicino a Volterra, a 72 chilometri al sud di Firenze. Non è il comune alabastro. È una qualità più trasparente e meno ruvida di quella di blocchi tagliati più in superficie.°

in superficie on the surface

Una volta terminata, la scultura verrà rifinita a mano dall'artigiano strofinandovi sopra una polvere d'acqua e pomice. L'ultimo ritocco sarà dato con polvere di talco: è un tipo di rifinitura di migliore effetto estetico e di più lunga durata di quella ottenuta con una vernice trasparente che alcuni usano.

Paolo Sabatini è un artigiano abile ed esperto. Scolpisce con destrezza e sveltezza. I suoi lavori vengono acquistati non appena finiti. Su uno scaffale vi sono una dozzina di campioni° delle sculture che ha imparato a fare e che, quando mostra alla gente, descrive come se fossero vecchi amici. È felice di vederle ammirate ed esaminate nelle mani di visitatori e i suoi occhi brillano di piacere.°

campioni samples

brillano di piacere beam
with pleasure

Queste sculture di alabastro sono piacevoli da vedere e anche da toccare. A tenerle in mano si sentono pesanti e dure, eppure si ha quasi la sensazione che siano morbide. Ciò è forse giustificato dal fatto che la loro superficie non è lucida come quella del vetro o del marmo in genere.

Paolo Sabatini respinge l'idea di essere considerato un artista, sa benissimo di essere solo un artigiano e cerca, infatti, di creare nuove forme come farebbe uno scultore, ma continua a produrre solo quelle stesse figure che ha imparato da tempo.

Ogni attrezzo serve per un particolare scopo.

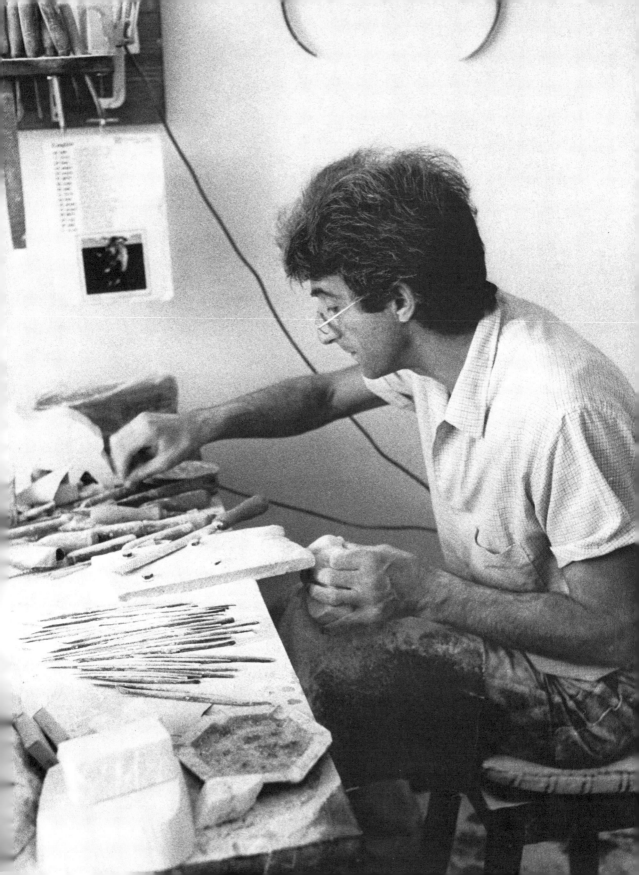

In Italia un artigiano è una persona importante. Gli stabilimenti di Volterra ne impiegano più di una ventina ciascuno per la lavorazione di vasi, lampade, portaceneri, statue e vari altri oggetti. La lavorazione è divisa tra ognuno di loro, dal momento in cui il blocco di alabastro emerge dalla cava all'ultimo tocco.° Essi ricevono un salario tre volte più alto di quello degli altri operai.

ultimo tocco the finishing touch

Lavorando per conto suo il Sabatini fa un buon guadagno e continuerà a lavorare così finchè le sue sculture troveranno dei compratori.°

compratori buyers

Per molti Italiani, lavorare vuol dire creare qualcosa. Il Signor Martelli è un artigiano che intaglia e scolpisce il legno eseguendo lavori su ordinazione per alcune gallerie d'arte di Firenze. Sono in genere lavori fatti su cornici di quadri in stile antico, placche decorative,° incisioni di fiordalisi, fogli, cherubini e simili.

placche decorative wall plaques

La stanza da lavoro del Martelli si trova in fondo al suo appartamento, al terzo piano di un palazzetto nel centro di Firenze. Dalle sue finestre si vede un cortile e in mezzo ad esso un giardino verde e fiorito. Sul davanzale delle finestre vi sono tanti vasi di piante e fiori; all'interno della stanza regna un caos. Nel centro vi è un grande tavolo da lavoro ricoperto di attrezzi, polvere, segatura, trucioli di legno° e disegni già eseguiti o da eseguire. Tutto sembra in grande disordine ma, in realtà, il signor Martelli sa esattamente dove trovare ogni attrezzo, o disegno o l'altra metà dell'angelo al quale sta lavorando. Per lui ogni cosa è al suo posto.

trucioli di legno wood shavings

Ci troviamo a camminare per Via Cavour a Firenze. Poco lontano dal Museo Mediceo il nostro sguardo è attratto dagli oggetti della vetrina di un piccolo negozio. Sono articoli di cancelleria e sono molto piacevoli da guardare. Quel che più attira l'attenzione è il disegno marmorizzato in diverse forme e colori della carta da lettere e delle buste, delle scatole da matite, delle copertine dei quaderni e di altri oggetti.

Dopo essere entrati nel negozio, siamo invitati a passare nel retrobottega° per osservare come viene realizzato il disegno marmorizzato che abbiamo ammirato in vetrina. Il proprietario dello stesso negozio ne dà una dimostrazione.

retrobottega back of shop (workshop)

Un grande vassoio, poco profondo,° viene riempito parzialmente di una soluzione trasparente. I coloranti vengono fatti gocciolare nella soluzione e, mentre le gocce restano alla superficie, uno strumento formato da bastoncini sottili è

poco profondo shallow

Il signor Martelli, artigiano fiorentino, continua ad eseguire dei lavori tradizionali in legno.

143

*fatto passare attraverso suddetta superficie, venendo così a
creare delle forme ondulate. I colori galleggiano sulla
superficie; le linee di colore sembrano quasi alzarsi ed abbas-
sarsi leggermente con il dolce movimento della soluzione.*

*Un foglio di una speciale carta sottile viene adagiato gentil-
mente sulla superficie, quasi non avesse consistenza alcuna.
Pochi secondi dopo viene rimosso con cautela dalla soluzione
e, alla nostra vista, appare un bellissimo disegno. Il lavoro
è riuscito molto soddisfacente e il proprietario sorride. È
evidente che la passione per il suo lavoro è grande, e
grande è la soddisfazione che prova ora nell'esaminare la
perfezione del suo originale disegno.*

Ci sono un po' in tutta Italia artigiani che creano e producono oggetti. Ad
Orvieto vi sono molti vasai e ceramisti, tessitori, artigiani che lavorano il
metallo o il legno, il vimini, la paglia, la canapa e simili. A Taormina e in
varie parti della Sicilia, molte donne fanno ancora lavori di merletto° e di
uncinetto.° I lavori in pelle si fanno un po' dappertutto: si confezionano
borse, valige, portafogli, cinture e molti altri oggetti utili o decorativi.

lavori di merletto lace work
lavori di uncinetto crochet
work

Ravenna, la città dei magnifici mosaici, mantiene questa sua tradizione
che ebbe inizio nel quinto secolo con l'istituzione di scuole e botteghe° per
l'apprendimento dell'arte del mosaico.

botteghe shops (workshops)

Il Gruppo Mosaicisti dell'Accademia delle Belle Arti, formato intorno al
millenovecentocinquanta, usa gli stessi metodi e lo stesso materiale dei suoi
predecessori. Il gruppo ha fatto molti lavori di restauro e, importante per la
continuazione dell'artigianato del mosaico, esegue in continuazione lavori
commissionati da famosi artisti come Hans Enri, Marc Chagall, Oscar
Kokoschka e altri. I lavori del gruppo, sia nello stile rinascimentale che
contemporaneo, sono insuperabili sia per la realizzazione che per i colori
brillanti.

La maggiore produzione artigiana italiana si svolge a Firenze. La parte più
antica della città è tutta botteghe e fabbrichette casalinghe.°

fabbrichette casalinghe home
factories (little)

*Stefano è stanco. Si è sdraiato sul sofà e, mentre legge
i fumetti,° guarda lo sport alla televisione accesa. Stefano ha
sedici anni e questa è stata la sua prima giornata lavorativa
nella piccola fabbrica del padre. Sarà il suo lavoro per i tre
mesi di vacanza estiva. Il lavoro di fabbrica non entusiasma
il ragazzo ma, allo stesso tempo, si rende conto° che è stato
fortunato. Molte persone in Italia non trovano lavoro e, in
particolare, i giovani.*

fumetti comic book, comics

si rende conto he realizes

arta a bagno nella soluzione per il disegno marmorizzato.

Nelle grandi fabbriche, negli uffici industriali e governativi, nelle scuole e negli ospedali, il lavoro è svolto da uomini e donne più o meno alla stessa maniera in cui è svolto negli Stati Uniti d'America e in altri paesi. Generalmente, in famiglia gli uomini alla mattina prendono un caffè e vanno a lavorare; i figli prima di andare a scuola fanno la colazione; le donne, se non devono rimanere a casa con figli molto piccoli, hanno un lavoro fuori casa anche loro. Molto spesso capita che le mogli aiutino i mariti se questi hanno attività proprie come uffici o negozi. A volte anche i figli e i nonni lavorano in queste piccole industrie familiari.

I caffè e i bar di ogni città e di ogni paese sono quasi tutti gestiti da intere famiglie. Questi locali sono tenuti aperti sei giorni alla settimana, dal mattino presto alla sera tardi. I mariti e le mogli, spesso con altri membri della famiglia, vi lavorano quasi ininterrottamente. L'espresso deve essere fatto al momento in cui viene ordinato. I panini vengono preparati sempre freschi, bicchieri e tazze sono lavati in continuazione dietro il banco di vendita. Di solito° il marito si occupa direttamente dei clienti ai tavoli e la moglie della cucina. I figli e gli altri parenti° seguono le direzioni dell'uno o dell'altra.

di solito usually
parenti relatives

Ad ogni modo, questo genere di lavoro offre la possibilità di vedere e di scambiare quattro chiacchiere° con i clienti o i vicini. I padroni vedono ogni giorno le stesse persone e scambiano con loro le proprie opinioni sugli ultimi avvenimenti del vicinato e su quelli letti sui giornali.

scambiare quattro chiacchiere have a chat

La stessa cosa succede con i tanti piccoli alberghi italiani. A volte questi hanno soltanto cinque o dieci camere da letto e sono spesso annessi ad una trattoria.

Gli alberghi sono aperti tutti i giorni della settimana ma le trattorie hanno un giorno di riposo.° Nelle città più piccole, specialmente dove non c'è turismo o dove nessuno va in villeggiatura, durante il mese di agosto i piccoli alberghi chiudono. Invece, quelli che si trovano in posti di villeggiatura estiva chiudono durante i mesi invernali.

giorno di riposo day of rest

I supermercati di tipo americano e i grandi empori in Italia non sono ancora molto sviluppati. Se ne trovano infatti solo nelle grandi città come Milano, Roma, Torino. Per la maggior parte degli Italiani, fare le compere vuol dire recarsi in più di un negozio. Ognuno di questi è specializzato in un particolare tipo di vendita. Essi sono chiusi la domenica e, spesso, il sabato pomeriggio. Quasi tutti sono chiusi nel primo pomeriggio per due o tre ore e, alla sera, rimangono aperti fino alle sette oppure alle otto a seconda della località in cui si trovano.

'n artigiano fiorentino dà forma ad un cappello.

Nelle campagne italiane, la donna fa spesso
lo stesso lavoro dell'uomo.

Nelle campagne italiane spesso moglie e marito lavorano insieme la terra. Lei fa lo stesso lavoro pesante di lui sia nel raccolto° che nella semina°: è un lavoro duro e non facile.

Gli Italiani sono orgogliosi di lavorare molto. Ma quelli dell'Italia settentrionale considerano quelli dell'Italia meridionale più pigri e poco volenterosi. I primi dicono: "Gli Italiani del sud potrebbero stare finanziariamente bene come noi del nord se avessero voglia di lavorare molto anche loro," "Preferiscono avere un uovo oggi che una gallina domani," eccetera. Invece, è l'organizzazione sociale che causa la differenza di economia tra il nord e il sud. Il contadino siciliano lavora forse più di quello della pianura padana ma guadagna meno perchè o non è organizzato o non lo è il datore di lavoro.

Il lavoro, per gli Italiani come per gli Americani e tutti gli altri popoli, è importantissimo. Il lavoro dell'uomo, così come quello della donna, determina lo stile di vita della famiglia. Ma c'è da notare° che l'Italia non ha raggiunto, forse perchè non vuole raggiungerlo, il grado di organizzazione associativa che è molto alto negli Stati Uniti d'America e in altri paesi. Nel Medioveo, invece, le associazioni in Italia si svilupparono molto e prosperarono.

c'è da notare one should notice

In genere, gli Italiani di oggi preferiscono gestire un'impresa propria,° da mandare avanti individualmente, seguendo un proprio orario° e dei metodi personali.

un'impresa propria his own enterprise

un proprio orario his own hours of work

Domande

1. Perchè Paolo dice che *non è* un artista?
2. Ti piacerebbe imparare un'arte per hobby o per vocazione? Quale sceglieresti?
3. Cosa sono i mosaici?
4. Pensi che sia importante capire *come* sono fatte le cose? Perchè?
5. Qual è un artigiano tipico nella società americana?
6. Vorresti avere un tuo proprio commercio o industria? Se sì, di che specie? Se no, spiega il perchè.
7. Quali conseguenze pensi che abbia, nel futuro della cultura italiana, la tendenza a consolidare l'industria?

Una bancarella di ricordini a Firenze espone i lavor
di vari artigiani locali

L'albergo Cappello a Ravenna è gestito da marito, moglie figli e figlie. Ciò è tipico in Italia. Le donne assunte pe la pulizia delle stanze servono anche i tavol

vocabolario italiano inglese

A

abbagliare, to dazzle
abbandonare, to abandon
abile, skillful
abitare, to inhabit
abituarsi, to get accustomed
accarezzare, to caress
accogliere, to receive
acquistare, to acquire
afferrare, to grasp
alternare, to alternate
amaro-a, bitter
ammirare, to admire
andare, to go
anteriore, anterior
apparire, to appear
arrendersi, to give up
arricchire, to enrich
arrivare, to arrive
assorbire, to absorb
attrarre, to attract
attrezzo, utensil
aumentare, to increase
avanzare, to advance
avere, to have
avere bisogno di to need
avvenire, to happen

B

bagnare, to wet
baia, f., bay
balcone, m., balcony
balneario-a, bathing
banco, m., bench
barca, f., boat
barocco-a, baroque
base, f., base
basilica, f., basilica
basso-a, low
bassorilievo, m., bas-relief
bastare, to be enough
battaglia, f., battle
battere, to strike
bello-a, beautiful, handsome
bere, to drink
bevanda, f., drink
bibita, f., drink
bicchiere, m., glass
birra, f., beer
bisognare, to need
brillare, to shine
brindare, to toast
burro, m., butter

C

caffè, m., coffee
caldo-a, hot
cambiare, to change
cameriere-a, waiter
camminare, to walk
caraffa, f., decanter
caramelle, f., hard candies
caricare, to load
carne, f., meat
carta, f., card, paper
cedere, to yield
celebrare, to celebrate
cercare, to seek
chiamare, to call
cioccolatini, m., chocolate candies
circa, approximately
circondare, to surround
cliente, m., client
combattere, to fight
cominciare, to start
completare, to complete
comprare, to buy
condurre, to lead
conoscere, to know
conquistare, to conquer
considerare, to consider
consistere, to consist
consumare, to consume
continuare, to continue
continuo-a, continuous
contenere, to hold
contrasto, m., contrast
contribuire, to contribute
conversare, to converse
coppa, f., cup
coprire, to cover
cordiale, m., cordial
costa, f., coast
creare, to create
cucinare, to cook
curvo-a, bent

D

dare, to give
declinare, to decline
decorare, to decorate
dedicare, to dedicate
definire, to define
delineare, to delineate
descrivere, to describe
destrezza, f., dexterity
dettagliare, to detail
difendere, to defend
digerire, to digest
digestione, f., digestion
dimenticare, to forget
diminuire, to diminish
dipingere, to paint

dire, to say
disegnare, to draw
distruggere, to destroy
divenire, to become
diverso-a, different
dolce, sweet, charming
dolente, sorry, painful
dolere, to ache
dominare, to dominate
dopo, after
dovere, duty
durare, to last

E

eccetera, et cetera
egli, he
ella, she
emanare, to emanate
entrare, to enter
entrata, f., entrance
erba, f., grass
esaminare, to examine
eseguire, to execute
esistere, to exist
espansività, f., expansiveness
esperienza, f., experience
esperto-a, expert
esporre, to exhibit
essere, to be
esso, it
estetico-a, aesthetic

F

fagioli, m., beans
fagiolini, m., green beans
famoso-a, famous
fare, to do
favore, m., favor
favorire, to favor
fermare, to stop
fetta, f., slice
finire, to finish
fiorire, to blossom
fino a, up to, until
forma, f., shape
formaggio, m., cheese
formare, to form
fornire, to furnish
forno, m., oven
forte, strong
frequentare, to attend
frequente, frequent
fresco-a, cool
friggere, to fry
frutta, f., fruit
fungo, m., mushroom

G

galleggiare, to float
garantire, to guarantee
gassosa, f., fizzy lemonade
gelare, to freeze
gelateria, f., ice-cream shop
gelato, m., ice cream
generalmente, generally
genere, m., kind, species
gestire, to manage
gesto, m., gesture
già, already
gioco, m., game, play
giorno, m., day
girare, to turn
giù, down
gorgonzola, m., blue cheese
governo, m., government
grana, f., kind of Parmesan cheese
grande, big
grandezza, f., largeness, size
granuloso-a, granulose
grissino, m., bread stick
guardare, to look
guidare, to guide, to drive
gustare, to taste
gusto, m., taste
gustoso-a, tasteful

I

ideare, to imagine, to plan
imbottigliare, to bottle
immaginarc, to imagine
impedire, to hinder
impiegare, to employ
includere, to include
incorniciare, to frame
iniziare, to initiate, to begin
insalata, f., salad
insegnare, to teach
interferire, to interfere
intero-a, whole
invadere, to invade
invecchiato-a, old, aged
invece, instead
invitante, inviting
isolare, to isolate
ispirare, to inspire

L

là, there
lago, m., lake
lana, f., wool
largo-a, wide
lasciare, to leave
lato, m., side
latte, m., milk

lattuga, f., lettuce
lavorare, to work
leccare, to lick
leggere, to read
leggermente, lightly
legno, m., wood
lì, there
lido, m., seashore
limone, m., lemon
liquore, m., liquor
liscio-a, smooth
litro, m., liter
locale, m., place
lontano-a, far
loro, their, they, them
lui, he, him
lungo-a, long

M

macchina, f., machine
magari, I wish it were so
maggiore, greater
mai, never
mandare, to send
mangiare, to eat
mangiucchiare, to nibble
manzo, m., beef
maturare, to mature, to ripen
meglio, better
melone, m., melon
meno, less
menù, menu
meritare, to deserve
mettere, to put
mezzanotte, f., midnight
mezzo, m., middle
mezzogiorno, m., noon
minerale, m., mineral
mirtillo, m., blueberry
molto, much; very
mortadella, f., Bologna sausage
mosche, f., flies
mostra, f., show; exhibition

N

nascere, to be born
naturalmente, naturally
negozio, m., shop
nero-a, black
niente, nothing
nocciola, f., hazelnut
noce, f., walnut
nodo, m., knot
nome, m., name
non, not, no
nostro-a, our
notare, to note

notte, f., night
numero, m., number
nuoto, m., swimming
nuovo-a, new

O

o, or, either
occasione, f., occasion
occuparsi, to busy oneself
odorare, to smell
offerta, f., offer
offrire, to offer
oggi, today
ogni, every
ognuno, everyone
oltre, beyond
ondeggiare, to wave, to roll
opinione, f., opinion
opposto-a, opposite
oppure, or
ora, f., hour; now
ordinare, to order
ordine, m., order
orgoglioso-a, proud
origine, f., origin, source
osservare, to observe
ottimo-a, best, excellent
ovunque, everywhere

P

padella, f., frying pan
palato, m., palate, taste
parlare, to speak
parmigiano, m., kind of cheese
parte, f., share, part
passare, to pass
pasticceria, f., pastry shop
pasto, m., meal
patata, f., potato
pecora, f., sheep
peggio, worse
percepire, to perceive
perchè, why, because
personalità, f., personality
pezzo, m., piece
piacere, m., pleasure
piano, m., piano, plain
piano, softly, slowly
piccante, sharp, spicy
piccolo-a, small
pittura, f., picture, painting
più, more
poco, little
portare, to carry, to bring
possedere, to own
potere, to be able
pranzo, m., dinner

preferire, to prefer
prendere, to take
preparare, to prepare
presentare, to present
presente, m., present
presto, quick, quickly, early
prezzo, m., price
produrre, to produce
profondità, f., depth
profumare, to perfume
profumo, m., perfume
proiettare, to project
proteggere, to protect
pubblicare, to publish
pulire, to clean

Q

qua, here
quadrare, to square
quadro, m., picture
qualcosa, f., something, anything
qualcuno-a, anyone, someone
quale, what?, which?
quale, m., f., that, which, who
qualificare, to qualify
qualità, f., quality
qualora, if, in case
qualunque, any
quando, when
quantità, quantity
quarto, m., quarter
quasi, almost
questiultimi, the latter
questo-a, this
qui, here
quiete, f., calm

R

raccomandare, to recommend
raccontare, to tell
raffreddare, to cool
ragione, f., reason
rappresentare, to represent
raramente, rarely
ravanello, m., small radish
reggiano, m., kind of cheese
regione, f., region
ricordare, to remember
ricorrenza, f., recurrence;
  anniversary
riempire, to fill
rifinire, to finish
rimanere, to remain
rinfrescare, cool, to refresh
ripieno, m., stuffing
risata, f., laughter
risolvere, to resolve

risuonare, to resound
ritrarre, to draw
ritrovare, to find again
rivale, m., rival
rivedere, to see again
rosticceria, f., snack bar
ruvido-a, rough

S

salire, to go up
salvare, to save
scendere, to go down
scolpire, to sculpture
sconfiggere, to defeat
scorrere, to run through
scrivere, to write
sedia, f., chair
sedere, to sit
seguire, to follow
selezione, f., selection
sembrare, to seem
sempre, always
sentire, to feel, to listen
senza, without
sera, f., evening
servire, to serve
sfoggiare, to display
simboleggiare, to symbolize
sistemarsi, to settle down
soffiare, to blow
solito-a, usual
sommergere, to submerge
soprattutto, above all
sorgere, to rise
sorseggiare, to sip
sospettare, to suspect
sostenere, to sustain
sottile, thin
speciale, special
specificare, to specify
spesso, often
spingere, to push
sposare, to marry
stagliare, to stand out
su, on, up, above
succedere, to succeed
succo, m., juice
suoi, his, hers, its
sviluppare, to develop

T

tagliare, to cut
tanto-a, much, so much
tappo, m., cork
tardi, late
targa, f., nameplate; license plate
tavolo, m., table

tazza, f., cup
teatro, m., theatre
tempo, m., time
tenere, to keep
terreno, m., land
tesoro, m., treasure
tetto, m., roof
tipico-a, typical
tipo, m., type
tirare, to pull
toccare, to touch
tornare, to come back
totale, m., total
tovaglia, f., tablecloth
tra, between
tradizionale, traditional
traffico, m., traffic
trasformare, to transform
trasparente, transparent
trattoria, f., restaurant
trovare, to find
trovarsi, to find oneself, to meet
  one another

U

ufficio, m., office
uguale, equal
ultimo-a, last
umanità, f., humanity
uncinetto, m., crochet (hook)
unico-a, unique, only
unire, to unite
uno-a, one
uomo, m., man
uova, f., eggs
usare, to use
uscire, to go out
uscita, f., exit
uso, m., use
usuale, usual

V

vario-a, various
vaso, m., vase

vassoio, m., tray
vedere, to see
vegetali, m., vegetables
vendere, to sell
venire, to come
veramente, really, truly
verde, green
vero-a, true
verso, towards, to
via, f., way; away
viaggiare, to travel
vicinato, m., neighborhood
vigneto, m., vineyard
villaggio, m., village
villeggiare, to visit a holiday resort
visibile, visible
visitare, to visit
vita, f., life
vitalità, f., vitality
vitello, m., calf; veal
vivere, to live
voce, f., voice
volentieri, willingly, gladly
volgere, to turn
volta, f., turn, time
vostro-a, your, yours

Z

zappare, to hoe; to till
zattera, f., raft
zelo, m., zeal
zia, f., aunt
zingaro, m., gypsy
zitto-a, silent
zoccolo, m., wooden shoe, clog
zona, f., zone
zoo, m., zoo
zoologia, f., zoology
zucca, f., pumpkin
zucchero, m., sugar
zucchine-i, m., zucchini
zuppa, f., soup
zuppiera, f., soup tureen

Suonatore in una strada di Verona.

NTC ITALIAN TEXTS AND MATERIALS

Multimedia Course
Italianissimo 1(Student Book, Annotated Teacher's
  Edition, Activity Book, 4 videocassettes, 4 audio-
  cassettes or 4 compact discs)
Italianissimo 2 (Student Book, Activity Book,
  4 videocassettes, 4 audiocassettes)

Computer Software
Basic Vocabulary Builder on Computer in Italian

Language Learning Material
NTC Language Learning Flash Cards
NTC Language Posters
NTC Language Puppets
Language Visuals

Exploratory Language Books
Let's Learn Italian Picture Dictionary
Let's Learn Italian Coloring Book
My World in Italian Coloring Book
Getting Started in Italian
Just Enough Italian
Multilingual Phrase Book
Italian for Beginners

Conversation Book
Basic Italian Conversation

Text and Audiocassette Learning Packages
Just Listen 'n Learn Italian
Italian for Children
Conversational Italian in 7 Days
Practice & Improve Your Italian
Practice & Improve Your Italian PLUS
How to Pronounce Italian Correctly
Lo dica in italiano

Italian Language, Life, and Culture
L'italiano vivo
Il giro d'Italia Series
  Roma
  Venezia
  Firenze
  Il Sud e le isole
  Dal Veneto all'Emilia-Romagna
  Dalla Val d'Aosta alla Liguria
Vita italiana
A tu per tu
Nuove letture di cultura italiana
Lettere dall'Italia
Incontri culturali

Contemporary Culture—in English
The Italian Way
Toto in Italy
Italian Sign Language
Life in an Italian Town

Italy: Its People and Culture
Getting to Know Italy
Let's Learn about Italy
Il Natale
Christmas in Italy

Songbook
Songs for the Italian Class

Puzzles
Easy Italian Crossword Puzzles

Graded Readers
Dialoghi simpatici
Raccontini simpatici
Racconti simpatici
Beginner's Italian Reader

Workbooks
Sì scrive così
Scriviamo, scriviamo

High-Interest Readers
Dieci uomini e donne illustri
Cinque belle fiabe italiane
Il mistero dell'oasi addormentata
Il milione di Marco Polo

Literary Adaptations
L'Italia racconta
Le avventure di Pinocchio

Contemporary Literature
Voci d'Italia Series
  Italia in prospettiva
  Immagini d'Italia
  Italia allo specchio

Duplicating Masters
Italian Crossword Puzzles
Basic Vocabulary Builder
Practical Vocabulary Builder
The Newspaper

Transparencies
Everyday Situations in Italian

Grammar Handbooks
Italian Verbs and Essentials of Grammar
Complete Handbook of Italian Verbs
Teach Yourself Italian Grammar
Teach Yourself Italian Verbs

Dictionaries
Beginner's Italian and English Dictionary
Zanichelli New College Italian and English Dictionary
Zanichelli Super-Mini Italian and English Dictionary

For further information or a current catalog, write:
National Textbook Company
a division of NTC Publishing Group
4255 West Touhy Avenue
Lincolnwood, Illinois 60646–1975 U.S.A.